Inhalt

Vorwort

Moralische Werte werden in dem Bemühen geschaffen, Probleme des menschlichen Zusammenlebens zu lösen. Liebe, Güte oder Gerechtigkeit sind solche Werte, und ein Handeln wird gut oder schlecht genannt, wenn es ihnen entspricht oder widerspricht. Eine Gesellschaft ohne Konflikte bräuchte keine Ethik. Das scheint im Bienen- und Ameisenstaat so zu sein. Eine menschliche Gesellschaft ohne Konflikte aber kann es nicht geben. Die Menschen sind nämlich – wie Kant sagt und die Verhaltensforschung bestätigt – von „ungeselliger Geselligkeit"; sie haben sowohl die Neigung, sich zusammenzuschließen als auch den Hang, sich zurückzuziehen; sie wollen sowohl miteinander kooperieren als auch gegeneinander konkurrieren. Da der Mensch durchaus nicht nur ein Herdentier ist, hegt er auch nicht immer die Wünsche seiner Gruppe oder die der Allgemeinheit. Manchmal laufen seine Wünsche sogar den Interessen der Allgemeinheit zuwider. Diesen Konflikt zu lösen, ist eine Aufgabe der Moral. Sie macht das Individuum geselliger als es von Natur aus ist, so daß es seine privaten Interessen mit denen der Allgemeinheit in Einklang bringen kann. Dabei muß die Moral freilich auch die Interessen des Individuums berücksichtigen, dem sie (nicht erst in der Neuzeit) einen inneren Wert zuschreibt. Der moralischen Wertschätzung des Individuums mag die Einsicht zugrunde liegen, daß alle kulturellen Errungenschaften das Werk schöpferischer Individuen sind: „Nur das einzelne Individuum kann denken und dadurch für die Gesellschaft neue Werte schaffen, ja selbst neue moralische Normen aufstellen, nach welchen sich das Leben der Gemeinschaft vollzieht. Ohne schöpferische, selbständig denkende und urteilende Persönlichkeiten ist eine Höherentwicklung der Gesellschaft ebensowenig denkbar wie die Entwicklung der einzelnen Persönlichkeit ohne den Nährboden der Gemeinschaft." (Albert Einstein)
Konflikte in der Gesellschaft gehen jedoch nicht nur auf den ungeselligen Zug in der Natur des Menschen zurück, sondern sie ergeben sich auch zwangsläufig aus dem Widerstreit zwischen verschiedenen Werten und Prinzipien. Ist die Güte ein höherer Wert als die Gerechtigkeit? Soll man also Gnade vor Recht ergehen lassen? Ist die Freiheit wichtiger als die Gleichheit? Wieviel Freiheit soll man um der Sicherheit willen opfern? Sollen Glück und Genuß oder die Erfüllung von Pflichten Sinn und Ziel des Daseins sein? Lebensauffassungen, Ziele, Werte können fast ebenso unvereinbar miteinander sein wie logisch unvereinbare Theorien. Es gibt demnach nicht nur den Konflikt zwischen Individuum und Gesellschaft, sondern auch den Konflikt zwischen verschiedenen Werten und Wertsystemen in der Gesellschaft.
Die in diesem Heft versammelten philosophischen Positionen eint die Grundannahme, daß man moralische Probleme rational erörtern kann.

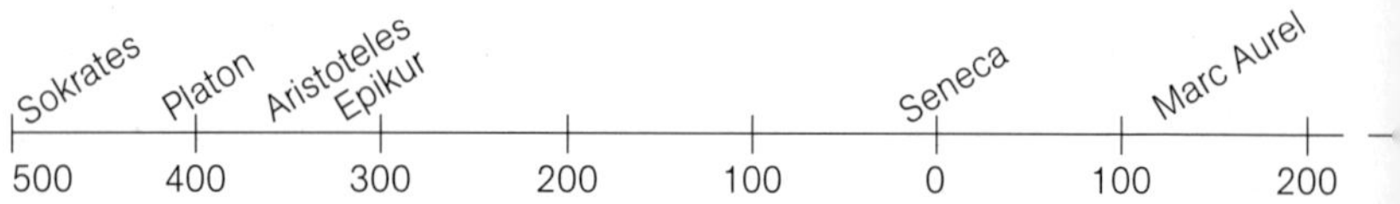

Eine rationale Erörterung ist selbst Werten verpflichtet, nämlich den Werten der Wahrheit und des Wachstums unserer Erkenntnis. In einer solchen Diskussion stellen sich Fragen der folgenden Art: Ist es wahr, daß die Gerechtigkeit ein Wert ist? Welches moralische Problem will man durch den Wert Gerechtigkeit lösen? Wie sieht eine gerechte Lösung aus? Warum ist die Liebe ein Wert und der Haß ein Unwert?
Diese Fragen setzen voraus, daß man Gründe für moralische Werte oder Prinzipien anführen kann, oder wenigstens, daß man manche Unwerte im Hinblick auf ihre Auswirkungen kritisieren kann. Wenn wir sagen: „Grausamkeit ist schlecht" oder „Du sollst deinen Nächsten lieben wie dich selbst", so wollen wir damit mehr sagen als nur: „Ich mißbillige Grausamkeit" oder „Ich billige Nächstenliebe". Moralische Werte oder Unwerte, obgleich von Menschen geschaffen, sind also nicht nur subjektiv. Die philosophische Ethik fragt nach den objektiven Gründen für einen Wert und seine Bevorzugung vor oder Zurücksetzung hinter anderen Werten. Sie versucht einen objektiven Maßstab für die Bewertung von Wünschen und Handlungen als gut oder schlecht zu finden und die Auswirkungen von Wertvorstellungen auf unser soziales Leben zu überprüfen. Manche Philosophen glaubten, in der individuellen Glückseligkeit einen solchen Maßstab gefunden zu haben, andere in der allgemeinen Wohlfahrt, wieder andere in der Freiheit sittlicher Entscheidung. Diese und weitere Auffassungen sind in der vorliegenden Auswahl philosophischer Texte zur Ethik vertreten.
Obwohl eine rationale Diskussion über moralische Werte einen Pluralismus von Werten anerkennen und berücksichtigen muß, richtet sie sich scharf gegen den moralischen Relativismus. Die Suche nach einem objektiven Maßstab für Gut und Böse schließt die Annahme ein, daß es bessere und schlechtere, ja sogar verhängnisvolle Wertsysteme gibt. Die relativistische Auffassung, derzufolge jedes beliebige Wertsystem in gleicher Weise gültig sein soll, verträgt sich ebenso wenig mit der philosophischen Ethik wie wenn man sagt: „Du sollst nicht töten, weil Gott es in den Zehn Geboten verbietet". Die Frage, weshalb Liebe besser ist als Haß, wird eine philosophische Ethik nicht mit dem Willen Gottes begründen, sondern z. B. so beantworten: Die Wünsche derer, die einander mögen, sind meistens miteinander vereinbar; diejenigen aber, die sich befehden, haben meistens unvereinbare Wünsche. Wo aber die Wünsche der Menschen harmonieren, ist das Zusammenleben ersprießlicher und erfreulicher als da, wo sie kollidieren.
Im vorliegenden Heft werden philosophiegeschichtlich bedeutsamen Begründungen der Ethik medizinisch-philosophische (Schweitzer), soziologische (Weber, Luhmann), wissenschaftstheoretische (Popper), ethologische (Lorenz, Gehlen), evolutionstheoretische (Eigen/Winkler) und philosophische (Russell, Weizsäcker, Popper) Hinführungen zur Ethik vorausgeschickt. Der Grund ist: wissenschaftliche und philosophische Probleme hän-

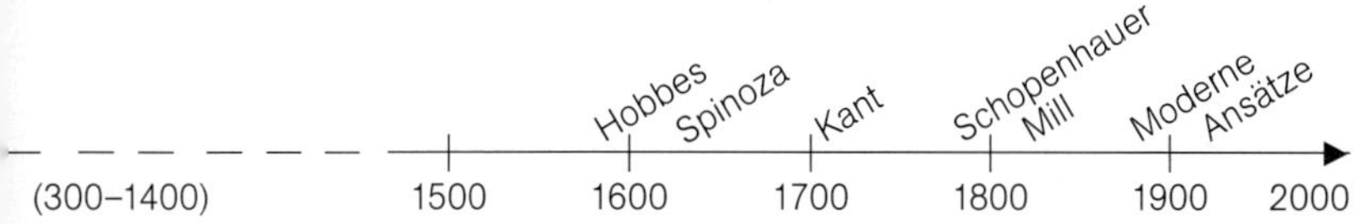

gen eng miteinander zusammen. Philosophische Probleme entstehen nicht im luftleeren Raum „reiner" Philosophie, sondern sie haben ihre Wurzeln außerhalb der Philosophie in der Politik, der Physik, der Biologie, der Religion, der Geschichte und dem gesellschaftlichen Leben. Philosophische Probleme und ebenso moralische Werte können entdeckt oder wiederentdeckt werden im Zusammenhang mit neuen wissenschaftlichen Problemen und Tatsachen. Dafür ist die ökologische Bewegung in den Industrieländern ein Beispiel. Die wissenschaftliche Forschung kann aber auch neues Licht auf alte moralische Probleme werfen. So läßt sich z. B. im Lichte der Verhaltensforschung ein Problem der Kantischen Ethik auflösen, das Schiller in zwei berühmten Xenien aufgeworfen hatte:

Gewissensskrupel
Gerne dien' ich den Freunden, doch tu' ich es leider mit Neigung,
Und so wurmt es mir oft, daß ich nicht tugendhaft bin.

Entscheidung
Da ist kein anderer Rat, du mußt suchen, sie zu verachten,
Und mit Abscheu alsdann tun, wie die Pflicht dir gebeut.

Nach Kant kann eine Handlung nicht moralisch sein, wenn sie natürlicher Neigung entspringt. Die Verhaltensforschung betrachtet dagegen die Moral als einen Mechanismus, der die unzureichende Anpassung unserer sozialen Instinkte an das Zusammenleben in großen Gruppen kompensiert. Die natürliche Neigung ist demnach keineswegs moralisch wertlos, sondern bildet mit der Moral zusammen ein Funktionsgefüge, wie schon Schiller vermutete.

Dem pluralistischen Prinzip entsprechend wurde bei der Auswahl der Texte auf die Verschiedenartigkeit der Ansätze Wert gelegt. Zugleich stellt jeder Text eine bestimmte philosophische Richtung beispielhaft vor. In der dem Text vorangesetzten Einleitung wird dieser in die Gesamtphilosophie des jeweiligen Autors eingeordnet sowie ihr allgemein-historischer und problemgeschichtlicher Hintergrund angedeutet. Bemerkungen zur Wirkungsgeschichte oder Vergleiche mit Gegenpositionen schließen die Einführung ab.

Nur die sorgfältige Erarbeitung eines Textes ermöglicht eine textadäquate Problemdiskussion. Deshalb bezieht sich eine Gruppe von Fragen stets auf den Sinn von Behauptungen, den Inhalt von Definitionen, den Gedankengang und die Beispiele eines Textes. Philosophie geht vom Alltagsverstand aus, um durch eine kritische Prüfung von Überzeugungen und Meinungen des Alltagsverstandes zu einem aufgeklärten Alltagsverstand hinzuführen. Deshalb knüpft eine andere Gruppe von Fragen an das Vorverständnis von Begriffen und Problemen an. Schließlich will die Philosophie durch das Nach-Denken von Gedanken zum Selber-Denken erziehen. Deshalb problematisiert eine dritte Gruppe von Fragen die in einem Text enthaltenen Behauptungen, Begründungen und Schlußfolgerungen. Diese Fragen sollen also zu einer über den Text hinausführenden Diskussion anregen. Demselben Ziel dienen auch die Rückverweise auf vorausgegangene Texte.

I. Warum benötigt der Mensch so etwas wie Ethik?

Karl-Otto Apel: **Die Situation des Menschen als Herausforderung an die praktische Vernunft**

[...] Durch eine philosophische Charakteristik der Situation des menschlichen Daseins überhaupt möchten wir eine Antwort auf die Frage geben: „Warum benötigt der Mensch überhaupt so etwas wie Ethik?" Diese Themenstellung wird sicherlich manche unter Ihnen überraschen. Ist es nicht fürchterlich abstrakt, über „den" Menschen zu sprechen, wo sich doch eine Fülle konkreter Probleme jedem, der über ethische Fragen nachdenkt, unmittelbar und unabweisbar aufdrängen?

Wer heutzutage versucht, sich selbst unsere Ausgangsfrage versuchsweise zu beantworten, der wird an sehr verschiedenartige aktuelle Situationen denken,

Herakles am Scheideweg symbolisiert in dem 1611 erschienenen „Tugendspiegel" des Dichters Gabriel Rollenhagen die ständige Entscheidungssituation des Menschen zwischen Tugend und Laster, Vernunft und Begierde. Die Inschriften lauten *poteron* (griech. *welches von beiden*) und *nescio quo me vertam* (lat. *ich weiß nicht, wohin ich mich wenden soll*).

z. B. Situationen, in denen sich die Frage nach verbindlichen Regeln oder Normen unseres Handelns stellt. Er denkt vielleicht zunächst an die Problematik der zwischenmenschlichen Beziehungen im *Nahbereich* von Ehe, Familie, Nachbarschaft und Beruf und an andere ethische Probleme, etwa an die Diskussion um den § 218, an die moderne Sexualerziehung, an die Ehescheidung, an Partnerschaft und Konkurrenz im Berufsleben, an die Behandlung der alten Menschen und schließlich an das Verhältnis zum eigenen und fremden Tod. Möglicherweise wird man aber auch sogleich an Fragen menschlicher Beziehungen im Bereich der *Politik* denken, z. B. an die schwierigen Probleme der sozialen Gerechtigkeit einerseits und den Freiheitsgarantien in unserem Lande andererseits, oder aber an die ebenso komplexen Probleme einer verantwortlichen Vertretung nationaler Interessen im Spannungsfeld der Weltpolitik. Schließlich mag man heutzutage sogar in erster Linie an Probleme gesamtmenschlicher Verantwortung für die planetare *Ökosphäre* denken, wie sie z. B. durch den Club of Rome der Menschheit als Problem einer solidarischen Verantwortung vor Augen gestellt wurden. Man kann in diesem Zusammenhang bemerken, daß die ethischen Probleme heute zum ersten Mal eine weltweite Dimension der Auswirkung und des Risikos gewonnen haben. Denken wir nur an die Notwendigkeit internationaler Institutionen und Konferenzen etwa über Fragen der Bevölkerungspolitik, der Energie- und Entwicklungspolitik, vor allem aber an die ständige Bedrohung durch die Möglichkeit eines mit nuklearen „Waffen" geführten Vernichtungskrieges.
Es zeigt sich also, daß ethische Probleme in der Gegenwart in drei verschiedenen Auswirkungsbereichen menschlicher Handlungen auftreten:

1. in einem Nah- oder *Mikrobereich* des zwischenmenschlichen Verhaltens im Privatleben;
2. in einem Mittel- oder *Mesobereich* der Interaktion der politisch Handelnden, die etwa Gruppeninteressen oder Nationalinteressen vertreten, und
3. in einem Groß- oder *Makrobereich* der solidarischen Verantwortung für das Lebensinteresse der menschlichen Gattung, in der Gegenwart und in der Zukunft.

Darüber hinaus zeigt sich weltgeschichtlich erstmals, daß ethisch bedeutsame Entscheidungs- und Regelungsprobleme des Mikro- und des Mesobereichs heutzutage die Tendenz haben, zu ethischen Problemen des Makrobereichs, also der weltweiten Dimension menschlicher Verantwortung, zu werden. So wird z. B. das scheinbar private Intimsphärenproblem der Geburtenregelung zu einer Streitfrage internationaler Konferenzen, die sich über die Gefahren einer Überbevölkerungskrise auf der Erde auseinandersetzen. Andererseits reichen die Probleme der Staatsräson in die planetare Dimension hinein, nehmen doch Abrüstungskonferenzen der Weltmächte eine Dimension an, die nicht nur machtstrategisch, sondern auch ethisch relevant ist, weil von den politischen Entscheidungen das Überleben der Menschheit abhängt.

Aus: Funk-Kolleg Praktische Philosophie/Ethik, Band: Dialoge 1, hrsg. von Apel, Böhler und Kadelbach, Fischer Taschenbuch Verlag, Frankfurt am Main 1984, S. 49/50

▷ Nennen Sie Beispiele aus dem Mikro-, Meso- und Makrobereich, bei denen Sie ethische Probleme sehen. – Haben Sie Vorstellungen, wie eine Ethik für diese Bereiche aufgebaut sein könnte?

II. Verschiedene moderne philosophische und wissenschaftliche Ansätze zur Begründung von Ethik

Bertrand Russell: **Ursprünge sittlicher Anschauungen und Gefühle**

Zum Autor

Bertrand Russell wurde am 18. Mai 1872 in Trelleck/Wales geboren und im Hause seines Großvaters strenggläubig erzogen. Nach dem Studium der Philosophie und Mathematik am Trinity College in Cambridge tat er einige Zeit diplomatischen Dienst. Danach setzte er seine Studien an deutschen Universitäten fort und publizierte 1896 eine Arbeit über die Sozialdemokratie im wilhelminischen Deutschland. Von einem längeren Aufenthalt in Paris nach England zurückgekehrt, schrieb er 1910 bis 1913 gemeinsam mit A. N. Whitehead das dreibändige Werk „Principia Mathematica". Dieser umfassend angelegte Versuch, die reine Mathematik aus wenigen logischen Axiomen abzuleiten, ist eines der grundlegenden Werke moderner mathematischer Methodenlehre. Schon während des Ersten Weltkriegs wandte sich Russell politischen und gesellschaftlichen Themen zu. Russells pädagogisches Engagement, das sichtbaren Ausdruck in der von ihm und seiner Frau gegründeten „antiautoritären" Schule Beacon Hill fand, schlug sich in dem Auswahlband „Freiheit ohne Furcht. Erziehung für eine neue Gesellschaft" nieder.

Nach dem Ende des Zweiten Weltkriegs wurde er einer der Gründer und führenden Verfechter der internationalen Kampagne gegen Atomrüstung und Atomkrieg. 1950 erhielt er den Nobelpreis für Literatur. In den Kuba-Konflikt 1962 griff er als Vermittler ein. Im Oktober 1965 erklärte er seinen Austritt aus der Labour Party, um gegen die passive Unterstützung der amerikanischen Intervention in Vietnam durch die Außenpolitik des Kabinetts Wilson zu protestieren. Er forderte und förderte das moralische Tribunal, das unter dem Vorsitz von Jean-Paul Sartre im April 1967 in Stockholm zusammentrat, um die Kriegsführung der USA in Vietnam zu untersuchen und zu verurteilen. Bertrand Russell starb am 2. Februar 1970.

Zum Text

Russell geht von dem Unterschied zwischen Wissenschaft und Ethik aus. Wissenschaftliche Aussagen beruhen auf Tatsachen, die wahrgenommen werden können. Moralische Urteile beziehen sich dagegen auf Gefühle, die eine Hoffnung oder Befürchtung, einen Wunsch oder eine Abneigung ausdrücken. Daraus schließt Russell, daß die Ethik mit dem Leben verbunden sein muß. In einer Welt unbelebter Materie gäbe es gut und böse nicht. Die Gefühle des Menschen sind differenzierter als die aller anderen Lebewesen. Seine Neigungen sind weder eindeutig gesellig noch eindeutig selbstbezogen. Wären wir eindeutig gesellig veranlagt, dann bräuchten wir ebensowenig eine Ethik, wie wenn wir Einzelgänger wären. Darüber hinaus können wir uns bewußt Zwecke setzen, nach denen wir handeln, im Unterschied zu den Tieren, deren Verhalten aufgrund triebauslösender Situationen oder spontaner Triebimpulse erfolgt. Die Moral benötigen wir also auch, um zwischen guten und schlechten Zwecken sowie erlaubten und unerlaubten Mitteln unterscheiden zu können. Wenn die Sittlichkeit aber auf den Gefühlen aufbaut, gibt es dann überhaupt sittliches Wissen, oder sind sittliche Urteile bloß subjektiv wie Geschmacksurteile? Es gibt, antwortet Russell, zwei ganz verschiedene Quellen sittlicher Erfahrung: zum einen das öffentliche Leben und zum anderen die persönliche religiöse oder weltanschauliche Überzeugung. Jede angemessene ethische Theorie muß sowohl die verschiedenen persönlichen Wertvorstellungen als auch die der Gemeinschaft berücksichtigen, weil sich im Menschen individuelle und soziale Bestrebungen vereinen.

Text 1

Das Leben des Menschen läßt sich von verschiedenen Blickpunkten betrachten. Man kann ihn als eine Spezies der Säugetiere ansehen und ihn rein biologisch erforschen. So gesehen, sind seine Erfolge überwältigend gewesen. Er vermag in jedem Klima und in jedem Teile der Welt zu leben, wo es Wasser gibt. Er hat an Zahl zugenommen, und diese Zunahme geht in immer rascherem Tempo weiter. Seine Erfolge verdankt er gewissen Dingen, deren Besitz ihn von anderen Lebewesen unterscheidet: der Sprache, dem Feuer, dem Ackerbau, der Schreibkunst, dem Werkzeug und einer großangelegten Zusammenarbeit.

Bezüglich der Zusammenarbeit freilich sind seine Erfolge nicht ganz so vollkommen. Wie in anderen Lebewesen stecken im Menschen Triebe und Leidenschaften, die während seiner Entwicklung vornehmlich dem Zweck des Am-Leben-Bleibens dienten. Doch dank seiner Intelligenz ist er zu der Erkenntnis gekommen, daß Leidenschaften oft zur Selbstvernichtung führen und daß seine Wünsche weit mehr befriedigt würden und sein Glück vollkommener sein könnte, wenn er seinen Leidenschaften teils mehr, teils weniger Freiheit gewährte. Fast immer und überall hat sich der Mensch nicht als eine Spezies betrachtet, die mit anderen Spezies in Wettbewerb steht. Sein Interesse galt nicht *dem* Menschen als solchem, sondern den Menschen im allgemeinen, die sich für ihn scharf in Freunde und Feinde schieden. Bisweilen erwies sich diese Scheidung als nützlich für diejenigen, die als Sieger auf dem Plan blieben: im Kampf zwischen Weißen und Indianern zum Beispiel. Aber da Intelligenz und Erfindungsgabe die soziale Ordnung immer vielgestaltiger und komplizierter machen, treten die Vorteile des Wettbewerbs vor den immer sichtbarer werdenden Vorzügen

der Zusammenarbeit zurück. Da Intelligenz und Neigung miteinander in Konflikt geraten, braucht der Mensch Sittlichkeit und einen Sittenkodex. Hätte nur die Intelligenz oder nur die Neigung zu gebieten, dann wäre die Sittlichkeit entbehrlich.
Die Menschen sind leidenschaftlich, halsstarrig und unglaublich närrisch. So närrisch, daß sie sich und andere in Katastrophen stürzen, die ungeheure Ausmaße annehmen können. Aber bei aller Gefährlichkeit des Trieblebens muß es doch zu seinem Recht kommen, wenn das menschliche Dasein nicht jeden Reiz verlieren soll. Zwischen den beiden Polen Trieb und Selbstbeherrschung muß eine Ethik, die den Menschen ein glückliches Leben verbürgen will, die richtige Mitte suchen. Aus diesem Zwiespalt in des Menschen tiefster Brust entspringt das Verlangen nach einem Sittengesetz.
In seinen Trieben und Wünschen ist der Mensch komplizierter als jedes andere Lebewesen; daher rühren seine Schwierigkeiten. Er ist weder ein reines Herdentier wie Ameisen und Bienen noch ein absoluter Einzelgänger wie Löwen und Tiger. Er ist zur Hälfte ein geselliges Lebewesen. Manche seiner Triebe und Wünsche sind gesellig, andere bindungsfeindlich. Der gesellige Teil seiner Natur spricht aus der Tatsache, daß Einzelhaft als sehr schwere Form der Bestrafung gilt; sein Hang zur Einsamkeit prägt sich in dem Bedürfnis nach Zurückgezogenheit aus, in der Abneiguung, Fremde anzusprechen. Graham Wallace weist in seinem ausgezeichneten Buch „Human Nature in Politics“ darauf hin, daß Menschen, die an dicht besiedelten Orten wie London leben, einen Abwehrmechanismus gegen geselliges Verhalten entwickeln, um sich vor einem unerwünschten Ausmaß menschlicher Fühlungnahme zu schützen. Leute, die nebeneinander im Bus oder Vorortzug sitzen, sprechen meist nicht miteinander; es braucht aber nur etwas Aufregendes zu geschehen, ein Fliegerangriff oder auch nur ein ungewöhnlich starker Nebel, und schon betrachtet man die Unbekannten als seine Freunde und beginnt ungezwungen ein Gespräch mit ihnen. Dieses Verhalten veranschaulicht das Schwanken der menschlichen Natur zwischen ihrer geselligen und ihrer privaten Veranlagung. Weil wir nicht nur gesellig sind, bedürfen wir der Moral, damit sie uns auf Zwecke hinweist, und sittlicher Normen, um uns Gebote für unser Verhalten einzuprägen. Ameisen brauchen so etwas anscheinend nicht: sie verhalten sich stets so, wie es ihnen die Interessen ihres Staates gebieten.
Aber auch wenn es dem Menschen gelänge, sich wie die Ameise dem allgemeinen Interesse unterzuordnen, würde er doch keine restlose Befriedigung verspüren und gewahr werden, daß ein ihn wesentlich dünkender Teil seiner Natur verkümmert. Es geht nicht an, zu behaupten, der private Teil der menschlichen Natur sei geringer zu bewerten als der gesellige. In der religiösen Phraseologie prägt sich dieser Unterschied in den beiden Geboten aus „Du sollst Gott lieben“ und „Liebe deinen Nächsten“. Für diejenigen, die nicht mehr an den Gott der traditionellen Theologie glauben, wird vielleicht eine gewisse Abwandlung der Phraseologie, jedoch kein grundlegender Wandel in bezug auf die sittlichen Werte erforderlich sein. Mystiker, Dichter, wissenschaftliche Entdecker sind im tiefsten Innern einsam. Was sie tun, kann anderen nützen, und dieser Nutzen kann sie ermutigen, aber in den Augenblicken, in denen sie am intensivsten leben und der Erfüllung dessen, was sie als ihre Funktion empfinden, am allernächsten kommen, denken sie nicht an die übrige Menschheit, sondern folgen einer Vision.

Wir müssen also annehmen, daß der Mensch seinen besonderen Rang zwei unterschiedlichen Elementen, einem sozialen und einem privaten, zu verdanken hat. Eine Ethik, die nur eines von beiden berücksichtigt, muß unvollkommen und unbefriedigend sein.
Die Unentbehrlichkeit einer Moral für die menschliche Lebensführung ergibt sich nicht nur aus der unzureichenden Eignung des Menschen zur Geselligkeit oder aus seinem Unvermögen, einer inneren Vision nachzuleben; sie beruht auf einem weiteren Unterschiede des Menschen gegenüber anderen Lebewesen. Die menschlichen Handlungen entspringen nicht nur einem unmittelbaren Triebe, sondern können kontrolliert und gesteuert werden durch bewußte Zwecke. Bis zu einem gewissen Grade besitzen auch die höheren Tiere diese Fähigkeit. Ein Hund duldet es, daß sein Herr ihm beim Entfernen eines Dorns aus seiner Pfote einen Schmerz zufügt. Die Köhlerschen Affen[1] taten verschiedene nicht instinktbedingte Dinge, um in Reichweite von Bananen zu kommen. Trotzdem sind zweifellos auch bei höheren Tieren die meisten Akte reine Triebhandlungen. Auf den zivilisierten Menschen trifft das nicht zu. Von dem Moment an, da er sich trotz des heftigen Verlangens, liegenzubleiben, aus dem Bett erhebt, bis zu dem Augenblick, da er am Abend sich selbst überlassen ist, hat er wenig Gelegenheit, impulsiv zu handeln, wenn er nicht gerade an seinen Untergebenen etwas auszusetzen findet oder das ihm am wenigsten unsympathische der beim Mittagstisch angebotenen Gerichte auszuwählen hat. In allen anderen Beziehungen wird er nicht von einem Triebe, sondern von einem wohlüberlegten Zweck geleitet. Was er tut, tut er nicht, weil ihm die Sache Spaß macht, sondern in der Hoffnung, sie werde ihm Geld oder einen sonstigen Lohn einbringen. Auf dieser Fähigkeit, im Hinblick auf einen erwünschten Zweck zu handeln, beruht die Wirksamkeit der Sittlichkeit und der sittlichen Normen, denn sie verlassen uns, zwischen guten und schlechten Zwecken einerseits und zwischen legitimen und illegitimen Mitteln der Zweckerreichung andererseits zu unterscheiden. Wenn es sich um zivilisierte Menschen handelt, wird aber leicht zu großes Gewicht auf bewußte Zwecke gelegt und die Bedeutung spontaner Neigungen unterschätzt. Der Moralist pflegt gern die Ansprüche der menschlichen Natur zu übersehen; in solchen Fällen wird aber wahrscheinlich die Natur des Menschen von den Ansprüchen des Moralisten keine Notiz nehmen. [...]

[1]Der Psychologe Wolfgang Köhler (1887–1967) veröffentlichte 1917 das Werk „Intelligenzprüfungen an Menschenaffen.

▷ Warum braucht nach Russell der Mensch ein Sittengesetz?
▷ Wie charakterisiert Russell den Menschen?
▷ Welche zwei unterschiedlichen Elemente muß nach Russell eine Ethik berücksichtigen und weshalb?
▷ Was setzen sittliche Normen nach Russell voraus?
▷ Warum fügt Russell der Unterscheidung „zwischen guten und schlechten Zwecken“ noch die weitere „zwischen legitimen und illegitimen Mitteln der Zweckerreichung“ hinzu?
▷ Kant hat die Neigung oder das Gefühl aus der Moral verwiesen. Wie steht Russell dazu?

Text 2

Die Ethik unterscheidet sich von der Wissenschaft dadurch, daß ihre grundlegenden Gegebenheiten Gefühle und Empfindungen, nicht Wahrnehmungen sind. Das ist wörtlich zu verstehen: die Gegebenheiten sind die Gefühle und Empfindungen als solche, nicht die Tatsache, daß wir sie haben. Daß wir sie haben, ist ein wissenschaftliches Faktum wie andere auch; wir erkennen es in der üblichen wissenschaftlichen Weise durch Wahrnehmung. Ein sittliches Urteil dagegen sagt kein Faktum aus; es drückt, wenn auch häufig in verkappter Form, eine Hoffnung oder eine Befürchtung, ein Begehren oder eine Abneigung, Liebe oder Haß aus. Es sollte in der Form des Optativs oder Imperativs, nicht im Indikativ ausgesprochen werden. In der Bibel heißt es: „Du sollst deinen Nächsten lieben wie dich selbst", und ein moderner Mensch könnte angesichts der unter den Staaten herrschenden Zwietracht in die Worte ausbrechen: „Möchten doch alle Menschen einander lieben!" Das sind rein moralische Sätze, die sich selbstverständlich nicht durch bloßes Summieren von Tatsachen beweisen oder widerlegen lassen.

Daß die Gefühle in der Sittlichkeit eine besondere Rolle spielen, sieht man leicht, wenn man sich hypothetisch ein rein materielles, aus fühlloser Materie bestehendes Universum vorstellt. Ein solches Universum wäre weder gut noch schlecht, und nichts darin wäre recht oder unrecht. Wenn Gott in der Genesis „sah, daß es gut war", bevor er das Leben erschaffen hatte, dann müssen wir annehmen, daß sich diese ‚Güte' entweder auf seine Gefühle bei der Betrachtung seiner Schöpfung bezog oder auf die Eignung der unbelebten Welt zur Umwelt lebender Wesen. Wenn die Sonne mit einem anderen Stern zusammenzuprallen drohte und die Erde sich allmählich in Gas verwandelte, dann würden wir die bevorstehende Umwälzung für schlecht halten, sofern uns die Existenz der Menschheit gut dünkte; eine ähnliche Umwälzung auf einem Gebiet ohne Leben wäre dagegen nur interessant. Die Sittlichkeit ist also mit dem Leben verknüpft, nicht als einem physikalischen Prozeß, den der Biochemiker zu erforschen hat, sondern bestehend aus Glück und Sorge, Hoffnung und Furcht und ähnlichen verwandten Gegensatzpaaren, die uns bestimmen, eine gewisse Beschaffenheit der Welt einer anderen vorzuziehen.

Aber wenn man auch die grundlegende Bedeutung des Fühlens und Wünschens zugibt, so bleibt doch die Frage, ob es so etwas wie ein sittliches *Wissen* gibt. „Du sollst nicht töten" ist ein Imperativ; „Morden ist böse" dagegen ist anscheinend ein Indikativ und die Behauptung, daß etwas falsch oder richtig ist. „Möchten doch alle Menschen glücklich sein!" ist ein Optativ, während „Das Glück ist gut" die gleiche grammatische Form hat wie „Sokrates ist sterblich". Ist diese grammatische Form irreführend, oder gibt es auch in der Sittlichkeit ‚Richtig' und ‚Falsch' wie in der Wissenschaft? Wenn ich sage: „Nero war ein schlechter Mensch", gebe ich dann ebenso Auskunft, wie wenn ich sagte: er war ein römischer Kaiser, oder wäre das Gesagte genauer ausgedrückt mit den Worten: „Nero? Pfui Teufel!" Diese Frage ist nicht so einfach, und ich glaube nicht, daß sie sich auf Anhieb beantworten läßt.

Damit hängt ein anderes Problem eng zusammen, nämlich die Frage der Subjektivität sittlicher Urteile. Wenn ich behaupte, Austern seien etwas Gutes, und Sie sagen, sie seien abscheulich, dann wissen wir beide, daß wir nur unserem persönlichen Geschmack Ausdruck geben, und über den Geschmack läßt sich nicht streiten. Wenn aber die Nazis behaupten, es sei gut, Juden zu quälen, und wir sagen, es sei schlecht, dann haben wir nicht das Gefühl, nur einen Geschmacksunterschied auszudrücken; wir sind sogar bereit, für unsere Überzeugung zu kämpfen und zu sterben, was wir nicht wären, um unsere Ansicht über Austern durchzusetzen. Trotz aller Argumente, die sich dafür geltend machen lassen, daß es sich um zwei gleichgelagerte Fälle handelt, werden doch die meisten Menschen davon überzeugt sein, daß irgendwo ein Unterschied besteht, mag es auch schwierig sein, zu sagen welcher. Ich glaube, dieses Gefühl verdient respektiert zu werden, auch wenn es nicht entscheidend ist; es sollte uns davor bewahren, uns blindlings auf den Standpunkt zu stellen, alle moralischen Urteile seien völlig subjektiv.

Man könnte vielleicht sagen, daß, wenn Hoffnungen und Wünsche in der Ethik von grundlegender Bedeutung sind, schlechthin alles auf dem Gebiet des Moralischen subjektiv sein müsse, da Hoffnungen und Wünsche es sind. Doch dieses Argument ist nicht so überzeugend wie es klingt. Die wissenschaftlichen Gegebenheiten sind individuelle Wahrnehmungen; sie sind viel subjektiver, als der gesunde Menschenverstand glaubt, und doch ist auf dieser Grundlage das imposante Gebäude der unpersönlichen Wissenschaft errichtet worden. Das war möglich, weil in gewissen Beziehungen die Wahrnehmungen der meisten Menschen übereinstimmen und die abweichenden Wahrnehmungen von Farbenblinden oder von Opfern irgendwelcher Halluzinationen nicht ins Gewicht fallen. Vielleicht kann man auf ähnlichem Wege zur Objektivität in der Moral kommen; wenn ja – denn es macht einen Appell an die Mehrheit erforderlich –, dann gelangen wir damit aus dem Bereich der persönlichen Ethik in den der Politik, die in der Tat sehr schwer von der Ethik abzugrenzen ist.

Die Grenzlinie zwischen der Ethik und der Theologie zu ziehen, ist schwieriger als die analoge Abgrenzung im Falle der Wissenschaft. Die Wissenschaft hat sich freilich erst nach langem Kampf von der Theologie emanzipiert. Bis in die zweite Hälfte des 17. Jahrhunderts galt ein Mensch, der an Hexerei nicht glaubte, allgemein als Atheist, und auch heute noch gibt es Menschen, die aus theologischen Gründen die Evolution ablehnen; aber sehr viele Theologen sind der einstimmigen Überzeugung, daß die Wissenschaft durch nichts die Grundlagen des religiösen Glaubens zu erschüttern vermöge. Auf dem Gebiet der Ethik liegt die Sache anders. Viele überkommene Moralbegriffe sind schwer zu begründen, wenn man nicht an einen Gott oder Weltgeist[2] oder zumindest an einen immanenten kosmischen Zweck glaubt. Ich behaupte nicht, daß derartige Deutungen und Rechtfertigungen ohne theologische Grundlage *unmöglich* seien, wohl aber, daß sie mangels einer solchen Grundlage nicht zu überzeugen und keinen psychologischen Zwang auszuüben vermögen.

Von jeher war es eines der beliebtesten Argumente der Strenggläubigen, daß die Menschen ohne die Religion schlecht würden. Die englischen Freidenker des 19. Jahrhunderts, von Bentham[3] bis zu Harry Sidgwick, haben dieses Argument heftig zurückgewiesen; ihr Protest wirkte um so überzeugender, als sie zu den sittlich vortrefflichsten Menschen zählten, die je gelebt haben. Der modernen Welt aber, die schwer erschüttert worden ist durch die Ausschreitungen der Vertreter des Totalitarismus, die sich als ungläubig bekannten, erscheinen die Tugenden der viktorianischen Agnostiker[4] weniger überzeugend, wenn sie nicht gar der unvollkommenen Befreiung von der christlichen Tradition zugeschrieben werden. Die ganze Frage, ob die Ethik in einer sozial angemessenen Form von der

Theologie unabhängig sein kann, muß folglich geprüft werden, mit besserem Wissen um die abgründigen Möglichkeiten des Bösen, als es unsere Großväter bekundeten, denen der bequeme Glaube an den Fortschritt ein mildes Lebensklima verbürgte.

In der gesamten Geschichte sind durchgehend die sittlichen Anschauungen zwei ganz verschiedenen Quellen entsprungen: zum einen aus den Erfahrungen des öffentlichen Lebens und zum anderen aus den persönlichen religiösen und sittlichen Überzeugungen. Scharf ausgeprägt finden wir diesen Gegensatz im Alten Testament, das zwischen dem Gesetz und den Propheten unterscheidet. Das Mittelalter machte den gleichen Unterschied zwischen der offiziellen, von der Hierarchie eingeimpften Moral und der persönlichen Heiligkeit, die von den großen Mystikern gelehrt und verwirklicht wurde. Auch heute noch lebt diese Dualität fort. Als Kropotkin nach der russischen Revolution aus seiner langen Verbannung heimkehren durfte, fand er nicht das Rußland seiner Träume verwirklicht. Geträumt hatte er von einer lockeren Gemeinschaft freier, selbstbewußter Individuen, aber entstanden war ein mächtiger, zentralisierter Staat, worin der Einzelne nur als Mittel zählte. Dieser doppelten persönlichen und bürgerlichen Moral muß jede angemessene ethische Theorie Rechnung tragen. Ohne bürgerliche Moral gehen Staatswesen zugrunde, ohne persönliche Moral hat ihr Fortbestand keinen Wert. Deshalb sind bürgerliche und persönliche Moral für eine gute Welt gleich unentbehrlich. [...]

Aus: Bertrand Russell: Moral und Politik. Übersetzt von Ruth Gillischewski. Fischer Taschenbuch Verlag, Frankfurt a. M. 1988, S. 12–14 und 21–24.

[2] Weltgeist ist ein Grundbegriff der Philosophie Hegels (1770–1831). Er verwirklicht sich nach Hegel im Verlaufe der Geschichte zu verschiedenen Zeiten in verschiedenen Nationen. Er ist eine verweltlichte Form des christlichen Glaubens an eine Vorsehung. [3] J. Bentham (1748–1832) war der Begründer des Utilitarismus; siehe hierzu S. 87. [4] Der Agnostiker beschränkt sich auf das Erfahrbare und enthält sich aller Aussagen über Sachverhalte jenseits der Erfahrung, wie z. B. Gott oder die Unsterblichkeit der Seele.

- ▷ Wodurch unterscheiden sich nach Russell Wissenschaft und Ethik bzw. wissenschaftliche und moralische Sätze voneinander?
- ▷ Was schließt Russell aus der besonderen Rolle, welche die Gefühle in der Sittlichkeit spielen?
- ▷ Gefühle sind von grundlegender Bedeutung für die Sittlichkeit; Gefühle sind aber subjektiv. Sind dann nicht auch moralische Urteile subjektiv? Was sagt Russell dazu?
- ▷ Entzieht nach Russell der Verfall religiöser Weltanschauungen der Ethik den Boden?
- ▷ Welches sind die beiden Quellen, denen die sittlichen Anschauungen durchweg entstammen?
- ▷ Oben spricht Russell davon, daß jede Ethik ein privates und ein soziales Element enthalten müsse. Deckt sich diese Forderung mit der Aussage: „Ohne bürgerliche Moral gehen Staatswesen zugrunde, ohne persönliche Moral hat ihr Fortbestand keinen Wert. Deshalb sind bürgerliche und persönliche Moral für eine gute Welt gleich unentbehrlich."?

Albert Schweitzer: **Ehrfurcht vor dem Leben als ethischer Grundsatz**

Zum Autor

Albert Schweitzer, geb. 1875, evangelischer Theologe, Arzt, Kulturphilosoph und Musiker, war seit 1902 Dozent für Theologie in Straßburg, ging nach dem Studium der Medizin 1913 als Missionsarzt nach Lambarene in Gabun. Die Mittel für sein dort gegründetes Tropenhospital erwarb er z.T. durch Veröffentlichungen, Vorträge und Orgelkonzerte in Europa. Von seinen theologischen Arbeiten ist vor allem seine Aufarbeitung der Leben-Jesu-Forschung hervorzuheben. Von bleibender Bedeutung sind auch seine Arbeiten über J. S. Bachs Werk und Persönlichkeit. 1952 erhielt er den Friedensnobelpreis. Schweitzer starb 1965 in Lambarene.

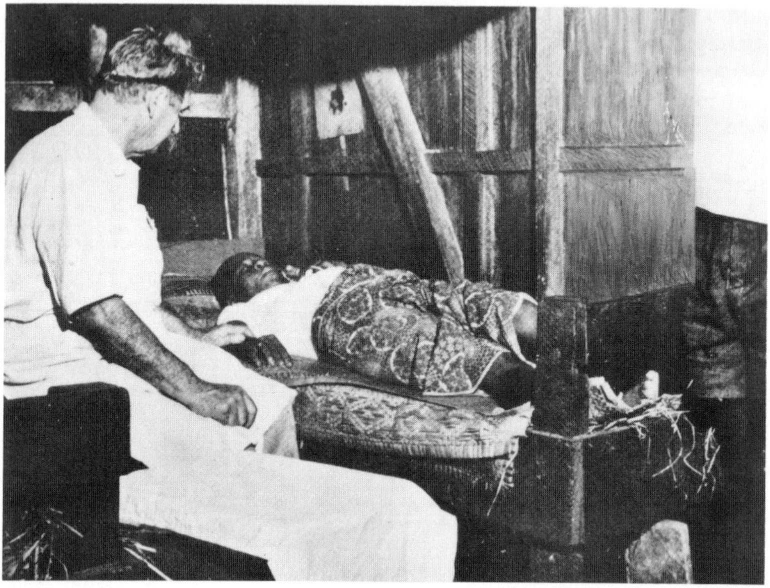

Zum Text

Schweitzer wendet sich gegen eine Ethik, für die moralisches Handeln nur ein Mittel für einen Zweck oder Nutzen ist. Für ihn ist Ethik ein absoluter Wert, der durch ein inhaltliches Prinzip des Sittlichen begründet werden muß. Um ein solches Prinzip zu finden, muß man die abendländische Beschränkung der Ethik auf den Menschen aufgeben. Diese Beschränkung ist nicht nur ein Verstoß gegen die Universalität eines absoluten sittlichen Prinzips, sondern auch gegen das lebendige sittliche Empfinden. „Ethik", sagt Schweitzer, „ist ins Grenzenlose erweiterte Verantwortung gegen alles, was lebt." Gut ist daher, Leben zu erhalten und zu fördern, böse, es zu vernichten und zu beeinträchtigen. Wenn man die Ethik auf die Ehrfurcht vor dem Willen zum Leben gründet, dann lassen sich auch so verschiedenartige moralische Bestrebungen wie die Selbstvervollkommnung und der karitative Einsatz als zusammengehörig denken.

Text

Bei Descartes geht das Philosophieren von dem Satze aus: „Ich denke, also bin ich.“ Mit diesem armseligen, willkürlich gewählten Anfang kommt es unrettbar in die Bahn des Abstrakten. Es findet den Zugang zur Ethik nicht und bleibt in toter Welt- und Lebensanschauung gefangen. Wahre Philosophie muß von der unmittelbarsten und umfassendsten Tatsache des Bewußtseins ausgehen. Diese lautet: „Ich bin Leben, das leben will, inmitten von Leben, das leben will.“ Dies ist nicht ein ausgeklügelter Satz. Tag für Tag, Stunde für Stunde wandle ich in ihm. In jedem Augenblick der Besinnung steht er neu vor mir. Wie aus nie verdorrender Wurzel schlägt fort und fort lebendige, auf alle Tatsachen des Seins eingehende Welt- und Lebensanschauung aus ihm aus. Mystik ethischen Einswerdens mit dem Sein wächst aus ihm hervor.

Wie in meinem Willen zum Leben Sehnsucht ist nach dem Weiterleben und nach der geheimnisvollen Gehobenheit des Willens zum Leben, die man Lust nennt, und Angst vor der Vernichtung und der geheimnisvollen Beeinträchtigung des Willens zum Leben, die man Schmerz nennt: also auch in dem Willen zum Leben um mich herum, ob er sich mir gegenüber äußern kann oder ob er stumm bleibt. Ethik besteht also darin, daß ich die Nötigung erlebe, allem Willen zum Leben die gleiche Ehrfurcht vor dem Leben entgegenzubringen wie dem eigenen. Damit ist das denknotwendige Grundprinzip des Sittlichen gegeben. Gut ist, Leben erhalten und Leben fördern; böse ist, Leben vernichten und Leben hemmen.

Tatsächlich läßt sich alles, was in der gewöhnlichen ethischen Bewertung des Verhaltens der Menschen zueinander als gut gilt, zurückführen auf materielle und geistige Erhaltung oder Förderung von Menschenleben und auf das Bestreben, es auf seinen höchsten Wert zu bringen. Umgekehrt ist alles, was in dem Verhalten der Menschen zueinander als böse gilt, seinem letzten Wesen nach materielles oder geistiges Vernichten oder Hemmen von Menschenleben und Versäumnis in dem Bestreben, es auf seinen höchsten Wert zu bringen. Weit auseinanderliegende, untereinander scheinbar gar nicht zusammenhängende Einzelbestimmungen von Gut und Böse fügen sich wie zusammengehörige Stücke ineinander, sobald sie in dieser allgemeinsten Bestimmung von Gut und Böse erfaßt und vertieft werden.

Das denknotwendige Grundprinzip des Sittlichen bedeutet aber nicht nur Ordnung und Vertiefung der geltenden Anschauungen von Gut und Böse, sondern auch ihrer Erweiterung. Wahrhaft ethisch ist der Mensch nur, wenn er der Nötigung gehorcht, allem Leben, dem er beistehen kann, zu helfen, und sich scheut, irgend etwas Lebendigem Schaden zu tun. Er fragt nicht, inwiefern dieses oder jenes Leben als wertvoll Anteilnahme verdient, und auch nicht, ob und inwieweit es noch empfindungsfähig ist. Das Leben als solches ist ihm heilig. Er reißt kein Blatt vom Baume ab, bricht keine Blume und hat acht, daß er kein Insekt zertritt. Wenn er im Sommer nachts bei der Lampe arbeitet, hält er lieber das Fenster geschlossen und atmet dumpfe Luft, als daß er Insekt um Insekt mit versengten Flügeln auf seinen Tisch fallen sieht. Geht er nach dem Regen auf der Straße und erblickt den Regenwurm, der sich darauf verirrt hat, so bedenkt er, daß er in der Sonne vertrocknen muß, wenn er nicht rechtzeitig auf Erde kommt, in der er sich verkriechen kann, und befördert ihn von dem todbringenden Steinigen hinunter ins Gras. Kommt er an einem Insekt vorbei, das in einen Tümpel gefallen ist, so nimmt er sich die Zeit, ihm ein Blatt oder einen Halm zur Rettung hinzuhalten.

Er fürchtet sich nicht, als sentimental belächelt zu werden. Es ist das Schicksal jeder Wahrheit, vor ihrer Anerkennung ein Gegenstand des Lächelns zu sein. Einst galt es als eine Torheit, anzunehmen, daß die farbigen Menschen wahrhaft Menschen seien und menschlich behandelt werden müßten. Die Torheit ist zur Wahrheit geworden. Heute gilt es als übertrieben, die stete Rücksichtnahme auf alles Lebendige bis zu seinen niedersten Erscheinungen herab als Forderung einer vernunftgemäßen Ethik auszugeben. Es kommt aber die Zeit, wo man staunen wird, daß die Menschheit so lange brauchte, um gedankenlose Schädigung von Leben als mit Ethik unvereinbar einzusehen.
Ethik ist ins Grenzenlose erweiterte Verantwortung gegen alles, was lebt. [...]

Aus: Albert Schweitzer, Ehrfurcht vor dem Leben. Zu einer Ethik der grenzenlosen Verantwortung für das Leben. In: Albert Schweitzer, Kultur und Ethik, C. H. Beck Verlag, München 1972, S. 330 f.

- ▷ Von welchem Grundsatz muß die Philosophie nach Albert Schweitzer ausgehen?
- ▷ Worin besteht nach ihm die Ethik und das Grundprinzip des Sittlichen? Kennen Sie andere Grundprinzipien?
- ▷ Worin zeigt sich die Ehrfurcht vor dem Leben?
- ▷ Diskutieren Sie, ob Schweitzers Forderung, auf alles Lebendige Rücksicht zu nehmen, heute mehr Aufnahmebereitschaft und Verständnis findet als offenbar zu seiner Zeit.

Max Weber: **Gesinnungsethik und Verantwortungsethik**

Zum Autor

Max Weber, geb. 1864, gilt als einer der einflußreichsten Soziologen unseres Jahrhunderts. Er vertrat die Auffassung, daß die Soziologie wertungsfrei verfahren müsse, weil Wertungen außerhalb wissenschaftlicher Betrachtungen lägen. Er entwickelte eine Methode zur Beschreibung typischer Erscheinungsformen geschichtlicher Vorgänge und Ereignisse („Idealtypus"). Berühmt wurde seine Arbeit über den Zusammenhang zwischen der protestantischen Ethik und dem Geist des Kapitalismus; von großer Bedeutung sind aber auch seine rechts-, religions- und musiksoziologischen Forschungen. Weber starb 1920 in München.

Zum Text

Der Abschnitt über Gesinnungsethik und Verantwortungsethik ist der Abhandlung „Der Beruf zur Politik" entnommen. Darin fragt Weber u. a., ob Ethik und Politik etwas miteinander zu tun haben. Und falls man die Frage bejaht, ob für das politische Handeln dieselbe Ethik wie für jedes andere Handeln gilt. Um diese Frage beantworten zu können, stellt Weber die beiden Typen von Ethik einander gegenüber. Die Gesinnungsethik entstammt den Hochreligionen. Als Beispiel einer solchen Ethik führt Weber die Bergpredigt an. Kennzeichnend für die Gesinnungsethik ist die unbedingte Ausrichtung des Handelns an der inneren Einstellung des Handelnden. Getragen wird seine Orientierung von dem Glauben an einen Gott, der in das Herz des Menschen sieht und den Weltlauf nach seiner Weisheit und Güte lenkt. Daher kann sich der Gesinnungsethiker allein auf seine guten Absichten und seine edlen Zwecke verlassen. Dagegen weiß der Verantwortungsethiker, daß unser Handeln in guter Absicht oft unerwünschte Folgen hat und Menschen und Umstände unsere Zwecke durchkreuzen und geradezu in ihr Gegenteil verkehren können. Er legt deshalb größten Wert darauf, die voraussehbaren Folgen seines Handelns zu berücksichtigen, um seiner Absicht möglichst zum Erfolg zu verhelfen. Im Gegensatz zum Gesinnungsethiker fühlt er sich für die voraussehbaren Folgen seines Handelns verantwortlich, und nach seiner Ansicht kann auch der beste Zweck sittlich bedenkliche Mittel nicht rechtfertigen.

Text

[. . .] Wir müssen uns klarmachen, daß alles ethisch orientierte Handeln unter *zwei* voneinander grundverschiedenen, unaustragbar gegensätzlichen Maximen stehen kann: es kann „gesinnungsethisch" oder „verantwortungsethisch" orientiert sein. Nicht daß Gesinnungsethik mit Verantwortungslosigkeit und Verantwortungsethik mit Gesinnungslosigkeit identisch wärc. Davon ist natürlich keine Rede. Aber es ist ein abgrundtiefer Gegensatz, ob man unter der gesinnungsethischen Maxime handelt - religiös geredet: „Der Christ tut recht und stellt den Erfolg Gott anheim" -, *oder* unter der verantwortungsethischen: daß man für die (voraussehbaren) *Folgen* seines Handelns aufzukommen hat. Man mag einem überzeugten gesinnungsethischen Syndikalisten noch so überzeugend darlegen, daß die Folgen seines Tuns die Steigerung der Chancen der Reaktion, gesteigerte Bedrückung seiner Klasse, Hemmung ihres Aufstiegs sein werden -, und es wird auf ihn gar keinen Eindruck machen. Wenn die Folgen einer aus reiner Gesinnung fließenden Handlung üble sind, so gilt ihm nicht der Handelnde, sondern die Welt dafür verantwortlich, die Dummheit der anderen Menschen oder - der Wille des Gottes, der sie so schuf. Der Verantwortungsethiker dagegen rechnet mit eben jenen durchschnittlichen Defekten der Menschen -, er hat, wie Fichte richtig gesagt hat, gar kein Recht, ihre Güte und Vollkommenheit vorauszusetzen, er fühlt sich nicht in der Lage, die Folgen eigenen Tuns, soweit er sie voraussehen konnte, auf andere abzuwälzen. Er wird sagen: diese Folgen werden meinem Tun zugerechnet. „Verantwortlich" fühlt sich der Gesinnungsethiker nur dafür, daß die Flamme der reinen Gesinnung, die Flamme z. B. des Protestes gegen die Ungerechtigkeit der sozialen Ordnung, nicht erlischt. Sie stets neu anzufachen, ist der Zweck seiner, vom möglichen Erfolg her beurteilt, ganz irrationalen Taten, die nur exemplarischen Wert haben können und sollen. [. . .]

Aus: Max Weber, Der Beruf zur Politik. Alfred Kröner Verlag, Stuttgart 1973, S. 174–175

- ▷ Zwischen der Gesinnungsethik und der Verantwortungsethik besteht nach Max Weber ein „abgrundtiefer Gegensatz". Erläutern Sie an einem Beispiel, warum das so ist.
- ▷ Worauf kommt es dem Gesinnungsethiker allein an?
  Worauf kommt es dem Verantwortungsethiker vor allem an?
- ▷ Was setzt die Berücksichtigung der Folgen von Handlungen auf seiten des Handelnden voraus?
- ▷ Welcher Typus von Ethik sollte nach Ihrer Meinung in der Politik vorherrschen? Begründen Sie Ihre Entscheidung.

Niklas Luhmann: **Die Funktion der Moral**

Zum Autor

Niklas Luhmann, geboren 1927 in Lüneburg. Seit 1968 Ordinarius für Soziologie an der Fakultät für Soziologie der Universität Bielefeld.

Zum Text

Luhmann betrachtet die Moral soziologisch, d. h. als ein soziales Faktum, das ohne Rückgriff auf moralische Begriffe verstanden werden muß. Grundbegriffe der Moral wie Freiheit, gut und böse, Achtung und Gewissen werden auf soziologische Grundbegriffe zurückgeführt, die im Rahmen der sogenannten Systemtheorie entwickelt worden sind. Freiheit erscheint aus systemtheoretischer Sicht als die undurchschaubare Komplexität von Verhaltensmöglichkeiten zweier Partner, die zueinander in Beziehung treten. Jeder weiß von sich und dem anderen, daß er selbst und der andere sich anders als erwartet verhalten können. Sich so wie erwartet, aber auch ganz anders verhalten zu können, nennt man Kontingenz. Da sie sich auf beide Partner einer Kommunikation bezieht, spricht man von doppelter Kontingenz. Aufgrund des Problems der doppelten Kontingenz bestimmt Luhmann die Funktion der Moral. Wodurch, fragt er, wird die hohe Beliebigkeit des Verhaltens in Kommunikationen eingeschränkt? Die Antwort lautet: Die Partner stellen sich aufeinander ein. Wenn es mir in den Augen des anderen gelingt, ihn in seiner Eigenart zu berücksichtigen, dann wird er mir mit Achtung begegnen und umgekehrt. Moral entsteht mit diesem gegenseitigen Austausch von Achtung. Sie wird in dem Maße zu einer gesellschaftlichen Moral, als sich die Zuteilung von Achtung oder Mißachtung nach vorweg feststehenden Bedingungen richtet. Die Funktion der Moral besteht demnach darin, anhand bestimmter Bedingungen den Austausch von Achtung oder Mißachtung festzulegen und damit die hohe Beliebigkeit sozialer Kontakte einzuschränken. Auf diese Weise wird die Aufnahme sozialer Kontakte erleichtert.

Text

[. . .] Die Gesamtheit der faktisch praktizierten *Bedingungen* wechselseitiger Achtung oder Mißachtung macht *die Moral* einer Gesellschaft aus. Die Moral besteht somit nicht aus den Achtungen oder Achtungserweisen als solchen; sie läßt sich also auch nicht nach Art eines Bruttosozialprodukts[1] durch Vermehrung der Achtung vermehren. Sie bezieht sich aber auf Achtung (und nur auf Achtung), sie entsteht mit impliziter oder expliziter Kommunikation über Achtung, und zwar dadurch, daß solche Kommunikation nur möglich ist, wenn Ego und Alter einander den Achtungserwerb freistellen und dafür geltende Bedingungen signalisieren, und dies wiederum: implizit oder explizit, subtil oder drastisch, situativ-konkret und einmalig oder abstrakt-normierend, und mit oder ohne Bezug auf Meinungen anderer. Es sind also letztlich kommunikative (und damit sozialsystemspezifische) Erfordernisse, die zur Differenzierung von Achtung und Achtungsbedingungen führen und die damit den Anstoß geben zur Absonderung und Sedimentierung[2] besonderer Moralvorstellungen.
Moral ist also ein Codierprozeß[3] mit der spezifischen Funktion, über Achtungsbedingungen Achtungskommunikation und damit ein laufendes Abgleichen von Ego/Alter-Synthesen zu steuern. Es handelt sich nicht um einen kategorischen

Imperativ[4], nicht um ein Gesetz, das vorschreibt, wie dies zu geschehen habe. Aber es handelt sich um das damit intendierte Problem! Wir werden daher bevorzugt von „Moralisierung“ von Themen, Symbolen, Strukturen, Meinungen, Erwartungen sprechen, um das Ausmaß zu bezeichnen, in dem solche Sinngehalte zur Kommunikation oder Metakommunikation[5] der Bedingungen von Achtung und Mißachtung verwendet werden.
Die dabei anfallenden, in Kommunikationsprozessen thematisierten Achtungsbedingungen können mehr oder weniger erwartbar vorformuliert sein. Sie brauchen dann nicht fallweise im Interaktionskontext[6] erfunden, entwickelt und plausibel gemacht zu werden. Sie können standardisiert und aufgezeichnet werden. Sie können gruppenspezifischen Konsens erreichen, aber auch gesellschaftsweit institutionalisiert sein und dann auch für Kommunikation mit Unbekannten gelten. Sie sind in dieser formulierten Fassung selbst wieder mögliche Themen der Kommunikation, schließlich sogar Themen „praktischen“ Philosophierens. Derart verfestigte, tradierbare Sinnkomplexe einer vertexteten Moral dürfen jedoch nicht darüber hinwegtäuschen, daß es letztlich die kommunikative Verwendung ist, die einem Sinngehalt oder Zeichen eine moralische Qualität verleiht, es gleichsam als Indikator für den Indikator kompatibler Ego/Alter-Integrationen fungieren läßt.
Daraus folgt unter anderem, daß nicht nur die Achtung sich nach den Bedingungen richtet, die als Kriterien fungieren, sondern die Kriterien sich auch nach der Achtung richten, die jemand genießt. Verbrecher, aber auch Moralvirtuosen, haben mit verschärften Kriterien zu rechnen. Die Moral hat eine Tendenz zum Normalen, die das Auffälligwerden in jeder Richtung „bestraft“. Trotz Vertextung bleibt das Anspruchsniveau der Moral variabel, und zwar bezogen auf die Einzelperson. Die Kriterien dienen als gleitende Gesichtspunkte, das setzt textgesicherte Identität im Gleiten voraus. Solches „Ansehen der Person“ ist um so erträglicher, wenn im Gegenzug dazu im Recht das Richten ohne Ansehen der Person und die Gleichheit vor dem Gesetz institutionalisiert sind. [...]

Aus: Niklas Luhmann, Theorietechnik und Moral, Suhrkamp Verlag, Frankfurt am Main 1978, S. 51/52

[1]Das Bruttosozialprodukt ist der Wert aller Güter und Dienstleistungen, die eine Volkswirtschaft innerhalb eines Jahres hervorbringt. [2]Ablagerung, Verfestigung. [3]Luhmann nimmt an, daß die meisten Kommunikationen einem spezifischen Schlüssel (Code) unterliegen, der aus gegensätzlichen Werten gebildet wird, z. B. gut und böse in der Moral, schön und häßlich in der Kunst, wahr und falsch in der Wissenschaft usw. [4]Begriff aus der Philosophie Kants. Siehe S. 73 ff. [5]Metakommunikation: Kommunikation über Kommunikation. [6]Interaktion ist ein Grundbegriff der modernen Soziologie. Er bezeichnet eine gegenseitige Beziehung unter Menschen, die sich über Kommunikation in ihrem Erwarten und Verhalten wechselweise beeinflussen.

- ▷ Wie definiert Luhmann die Moral?
- ▷ Nach ihm bezieht sich Moral auf die Kommunikation zwischen zwei Partnern (Ego und Alter). Um welche Art von Kommunikation geht es dabei?
- ▷ Was ist mit „laufendes Abgleichen von Ego/Alter-Synthesen“ gemeint? Erklären Sie ein solches Sich-Aufeinander-Abstimmen an einem Beispiel.
- ▷ Gegen welchen Moralbegriff grenzt er seine Moralkonzeption ab?
- ▷ Was fungiert als „Indikator kompatibler Ego/Alter-Integrationen“?
- ▷ Weshalb richten sich Achtungserweise nicht nur nach gewissen vorweg festliegenden Bedingungen, sondern umgekehrt solche Bedingungen auch nach der Achtung, die der Person entgegengebracht wird?

Karl R. Popper: **Ethische Prinzipien**

Zum Autor

Karl R. Popper, geb. 1902 in Wien, lehrte von 1947 bis zu seiner Emeritierung 1969 an der renommierten London School of Economics Philosophie. Er gilt als einer der bedeutendsten Philosophen unseres Jahrhunderts. Seine Erkenntnis- und Wissenschaftstheorie hat diese Disziplinen auf eine neue Grundlage gestellt. Die Anwendung seiner Theorie des Kritischen Rationalismus auf die Sozialwissenschaften haben diese, die Politik, aber auch die Wirtschaftswissenschaften nachhaltig beeinflußt. In jüngerer Zeit trat Popper durch ein Gemeinschaftswerk mit dem Neurophysiologen J. C. Eccles über das sogenannte Leib-Seele-Problem hervor. Die wichtigsten Veröffentlichungen sind: „Logik der Forschung", „Die offene Gesellschaft und ihre Feinde", „Objektive Erkenntnis", „Das Ich und sein Gehirn" und seine Autobiographie „Ausgangspunkte".

Zum Text

In seinem Aufsatz „Duldsamkeit und intellektuelle Verantwortlichkeit" zieht Popper ethische Konsequenzen aus seinem erkenntnistheoretischen Ansatz. Die alte Berufsethik für Ärzte, Juristen, Lehrer oder Politiker beruht auf der Autoritätsidee. Eine Autorität zu sein heißt, daß sich das persönliche Wissen annähernd mit dem objektiven Wissensstand in einem Fachgebiet deckt und Wissen sicheres Wissen ist, unumstößlich und unüberholbar. Die erste Annahme führt zu intellektueller Unredlichkeit; denn wer sein Fachgebiet zu beherrschen glaubt, muß Fehler als vermeidbar betrachten und wird sie verbergen wollen. Die zweite Annahme führt zu Intoleranz; denn wer sicheres Wissen zu haben meint, kann abweichende Auffassungen nur als eindeutig falsche Alternativen verwerfen. Aber wissenschaftliches Wissen ist kein sicheres Wissen, sondern Vermutungswissen oder hypothetisches Wissen. Es besteht aus überprüfbaren und (im besten Fall) aus streng überprüften Vermutungen oder Hypothesen. Außerdem kann auch der beste Wissenschaftler das Wissen seines Fachgebietes nicht völlig beherrschen. Die auf der Autoritätsidee beruhende Berufsethik muß daher fallengelassen und durch eine neue ersetzt werden. Statt eine Autorität zu sein, fordert diese neue Ethik, sich seiner Fehlbarkeit bewußt zu sein. Man soll seine Fehler nicht verleugnen, sondern nach ihnen suchen, um aus ihnen zu lernen. Diese selbstkritische Haltung bedarf aber der Ergänzung durch die Kritik anderer, die unsere Fehler entdecken und korrigieren ebenso wie wir die ihren.

Text

Wir haben [...] Gründe, die zeigen, daß auch heute die Sokratische Einsicht „Ich weiß, daß ich nichts weiß, und kaum das" hochaktuell ist – vielleicht noch aktueller als zur Zeit des Sokrates. Und wir haben Grund, zur Verteidigung der Toleranz aus dieser Einsicht jene ethischen Konsequenzen zu ziehen, die von Erasmus, Montaigne, Voltaire und später von Lessing gezogen wurden. Und noch weitere Konsequenzen.

Die Prinzipien, die jeder rationalen Diskussion zugrunde liegen, das heißt jeder Diskussion im Dienste der Wahrheitssuche, sind recht eigentlich *ethische* Prinzipien. Ich möchte drei solche Prinzipien angeben.

1. Das Prinzip der Fehlbarkeit: Vielleicht habe ich unrecht, und vielleicht hast du recht. Aber wir können auch beide unrecht haben.
2. Das Prinzip der vernünftigen Diskussion: Wir wollen versuchen, möglichst unpersönlich unsere Gründe für und wider eine bestimmte, kritisierbare Theorie abzuwägen.
3. Das Prinzip der Annäherung an die Wahrheit. Durch eine Diskussion kommen wir fast immer der Wahrheit näher; und wir kommen zu einem besseren Verständnis; auch dann, wenn wir nicht zu einer Einigung kommen.

Es ist bemerkenswert, daß alle drei Prinzipien erkenntnistheoretische und gleichzeitig ethische Prinzipien sind. Denn sie implizieren unter anderem Duldsamkeit, Toleranz: Wenn ich von dir lernen kann und im Interesse der Wahrheitssuche lernen will, dann muß ich dich nicht nur dulden, sondern als potentiell gleichberechtigt anerkennen; die potentielle Einheit und Gleichberechtigung aller Menschen sind eine Voraussetzung unserer Bereitschaft, rational zu diskutieren. Wichtig ist auch das Prinzip, daß wir von einer Diskussion viel lernen können; auch dann, wenn sie nicht zu einer Einigung führt. Denn die Diskussion kann uns lehren, einige der Schwächen unserer Position zu verstehen.

Es liegen also der Naturwissenschaft ethische Prinzipien zugrunde. Die Idee der Wahrheit als das grundlegende regulative Prinzip ist ein solches ethisches Prinzip.

Die Wahrheitssuche und die Idee der Annäherung an die Wahrheit sind weitere ethische Prinzipien; ebenso auch die Idee der intellektuellen Redlichkeit und die der Fehlbarkeit, die uns zur selbstkritischen Haltung und zur Toleranz führt. Sehr wichtig ist auch, daß wir im Gebiet der Ethik *lernen* können.

Das möchte ich noch am Beispiel der Ethik für die Intellektuellen aufzeigen, insbesondere der Ethik für die intellektuellen Berufe: der Ethik für die Wissenschaftler, für die Mediziner, Juristen, Ingenieure, Architekten; für die öffentlichen Beamten und, sehr wichtig, für die Politiker.

Ich möchte Ihnen einige Sätze für *eine neue Berufsethik* unterbreiten, Sätze, die mit den Ideen der Toleranz und der intellektuellen Redlichkeit eng zusammenhängen.

Zu diesem Zweck werde ich zuerst die alte Berufsethik charakterisieren und vielleicht auch ein klein wenig karikieren, um sie dann mit der neuen Berufsethik, die ich vorschlage, zu vergleichen.

Beiden, der *alten* und der *neuen* Berufsethik, liegen, zugegebenermaßen, die Ideen der Wahrheit, der Rationalität und der intellektuellen Verantwortlichkeit zugrunde. Aber die alte Ethik war auf die Idee des persönlichen Wissens und des sicheren Wissens gegründet und damit auf die Idee der *Autorität;* während die neue Ethik auf die Idee des objektiven Wissens und des unsicheren Wissens gegründet ist. Dadurch ändert sich die unterliegende Denkweise grundlegend, und damit auch die *Rolle* der Ideen der Wahrheit, der Rationalität und der intellektuellen Redlichkeit und Verantwortlichkeit.

Das alte Ideal war, Wahrheit und Sicherheit zu *besitzen* und die Wahrheit, wenn möglich, durch einen logischen Beweis zu *sichern.*

Diesem auch heute noch weitgehend akzeptierten Ideal entspricht das persönliche Ideal des Weisen – natürlich nicht im Sokratischen Sinn, sondern das Platonische Ideal des Wissenden, der eine Autorität ist; des Philosophen, der gleichzeitig ein königlicher Herrscher ist.

Der alte Imperativ für den Intellektuellen ist: Sei eine Autorität! Wisse alles in deinem Gebiet!

Wenn du einmal als Autorität anerkannt bist, dann wird deine Autorität von deinen Kollegen beschützt werden, und du mußt natürlich die Autorität deiner Kollegen beschützen.

Die alte Ethik, die ich beschreibe, verbietet es, Fehler zu machen. Ein Fehler ist absolut unerlaubt. Daher dürfen Fehler nicht zugegeben werden. Ich brauche nicht zu betonen, daß diese alte professionelle Ethik intolerant ist. Und sie war auch immer schon intellektuell unredlich: Sie führt zum Vertuschen der Fehler um der Autorität willen; insbesondere auch in der Medizin.

Ich schlage deshalb eine *neue* Berufsethik vor; vor allem, aber nicht nur, für Naturwissenschaftler. Ich schlage vor, sie auf folgende zwölf Prinzipien zu gründen, mit denen ich schließe.

1. Unser objektives Vermutungswissen geht immer weiter über das hinaus, was *ein* Mensch meistern kann. *Es gibt daher keine Autoritäten.* Das gilt auch innerhalb von Spezialfächern.
2. *Es ist unmöglich, alle Fehler zu vermeiden* oder auch nur alle an sich vermeidbaren Fehler. Fehler werden dauernd von allen Wissenschaftlern gemacht. Die alte Idee, daß man Fehler vermeiden kann und daher verpflichtet ist, sie zu vermeiden, muß revidiert werden: Sie selbst ist fehlerhaft.
3. *Natürlich bleibt es unsere Aufgabe, Fehler nach Möglichkeit zu vermeiden.* Aber gerade um sie zu vermeiden, müssen wir uns vor allem klar darüber werden, wie schwer es ist, sie zu vermeiden, und daß es niemandem völlig gelingt. Es gelingt auch nicht den schöpferischen Wissenschaftlern, die von ihrer Intuition geleitet werden: Die Intuition kann uns auch irreführen.
4. Auch in den am besten bewährten unter unseren Theorien können Fehler verborgen sein; und es ist die spezifische Aufgabe des Wissenschaftlers, nach solchen Fehlern zu suchen. Die Feststellung, daß eine gut bewährte Theorie oder ein viel verwendetes praktisches Verfahren fehlerhaft ist, kann eine wichtige Entdeckung sein.
5. *Wir müssen deshalb unsere Einstellung zu unseren Fehlern ändern.* Es ist *hier,* wo unsere praktische ethische Reform beginnen muß. Denn die alte berufsethische Einstellung führt dazu, unsere Fehler zu vertuschen, zu verheimlichen und so schnell wie möglich zu vergessen.
6. Das neue Grundgesetz ist, daß wir, um zu lernen, Fehler möglichst zu vermeiden, *gerade von unseren Fehlern lernen* müssen. Fehler zu vertuschen ist deshalb die größte intellektuelle Sünde.

7. Wir müssen daher dauernd nach unseren Fehlern Ausschau halten. Wenn wir sie finden, müssen wir sie uns einprägen; sie nach allen Seiten analysieren, um ihnen auf den Grund zu gehen.
8. Die selbstkritische Haltung und die Aufrichtigkeit werden damit zur Pflicht.
9. Da wir von unseren Fehlern lernen müssen, so müssen wir es auch lernen, es anzunehmen, ja, *dankbar* anzunehmen, wenn andere uns auf unsere Fehler aufmerksam machen. Wenn wir andere auf ihre Fehler aufmerksam machen, so sollen wir uns immer daran erinnern, daß wir selbst ähnliche Fehler gemacht haben wie sie. Und wir sollen uns daran erinnern, daß die größten Wissenschaftler Fehler gemacht haben. Ich will sicher nicht sagen, daß unsere Fehler gewöhnlich entschuldbar sind: Wir dürfen in unserer Wachsamkeit nicht nachlassen. Aber es ist menschlich unvermeidbar, immer wieder Fehler zu machen.
10. Wir müssen uns klarwerden, *daß wir andere Menschen zur Entdeckung und Korrektur von Fehlern brauchen (und sie uns);* insbesondere auch Menschen, die mit anderen Ideen in einer anderen Atmosphäre aufgewachsen sind. Auch das führt zur Toleranz.
11. Wir müssen lernen, daß Selbstkritik die beste Kritik ist; daß aber die *Kritik durch andere eine Notwendigkeit* ist. Sie ist fast ebensogut wie die Selbstkritik.
12. Rationale Kritik muß immer spezifisch sein: Sie muß spezifische Gründe angeben, warum spezifische Aussagen, spezifische Hypothesen falsch zu sein scheinen oder spezifische Argumente ungültig. Sie muß von der Idee geleitet sein, der objektiven Wahrheit näher zu kommen. Sie muß in diesem Sinne unpersönlich sein.
Ich bitte Sie, meine Formulierungen als Vorschläge zu betrachten. Sie sollen zeigen, daß man, auch im ethischen Gebiet, diskutierbare und verbesserbare Vorschläge machen kann.

Aus: Karl R. Popper, Auf der Suche nach einer besseren Welt. Vorträge und Aufsätze aus dreißig Jahren. Piper Verlag, München 1984, S. 225–229

▷ Inwiefern sind die drei von Popper aufgezählten Prinzipien, die jeder rationalen Diskussion zugrunde liegen, ethische Prinzipien?
▷ Was meint Popper, wenn er die Idee der Wahrheit ein „regulatives Prinzip" nennt?
▷ Warum ist diese Idee für die Naturwissenschaft grundlegend, und weshalb bezeichnet sie Popper als ein ethisches Prinzip?
▷ Warum führt die alte Ethik zu Intoleranz und Unredlichkeit? Vergewissern Sie sich bei der Beantwortung dieser Frage, was Popper unter Intoleranz und Unredlichkeit versteht.
▷ Geben Sie die beiden wichtigsten Gründe an, die Popper für die Unhaltbarkeit der traditionellen Autoritätsidee anführt.
▷ Die alte Berufsethik fordert: sei eine Autorität auf deinem Gebiet! Die neue dagegen: sei dir deiner Fehlbarkeit bewußt! Was folgt aus diesem Imperativ? Diskutieren Sie die These z. B. auf dem Hintergrund der modernen Gentechnik (Informationen dazu bringt das Ethikheft „Ethik und Biologie").

Carl Friedrich von Weizsäcker: **Merkmale moralischen Verhaltens**

Zum Autor

Das Foto zeigt ihn 1988 als Gutachter zur geplanten atomaren Wiederaufbereitungsanlage in Wackersdorf; er plädierte dabei gegen den Bau wegen der nicht abschätzbaren Risiken.

Carl Friedrich von Weizsäcker, geb. 1912 in Kiel, studierte Physik und promovierte 1933 bei Werner Heisenberg. 1936 wurde er Professor für theoretische Physik an den Universitäten Straßburg und Göttingen, von 1957 bis 1969 für Philosophie an der Universität Hamburg. Von 1970 bis 1980 war er Direktor des Max-Planck-Instituts zur Erforschung der Lebensbedingungen der wissenschaftlich-technischen Welt in Starnberg. In seinen Arbeiten befaßte sich Weizsäcker vor allem mit dem Verhältnis der Naturwissenschaften zur Gesellschaft. Er veröffentlichte zahlreiche Beiträge zur Friedensforschung. Wichtige neuere Veröffentlichungen sind: „Wege in der Gefahr", „Der Garten des Menschlichen", „Der bedrohte Friede" und „Wahrnehmung der Neuzeit".

Zum Text

Weizsäcker setzt mit seiner Darlegung der Moral beim Begriff des Verhaltens an. Er unterscheidet vier Merkmale, die schon an tierischem Verhalten zu finden sind: die Allgemeinheit, das Ja-Nein-Prinzip, die Prävalenz (Vorherrschaft) des Positiven und die Anpassung. Allgemeinheit bedeutet, daß das Tier auf typische Reizsituationen reagiert, z. B. das Raubtier auf die flüchtende Beute. Das Ja-Nein-Prinzip zeigt sich darin, daß die angeborenen Verhaltensprogramme nur aufgrund bestimmter Schlüsselreize ausgelöst werden. Prävalenz des Positiven heißt, daß normale Verhaltensweisen dominieren und routinemäßig ablaufen, dagegen differenziertere Verhaltensprogramme nur durch seltene Ereignisse ausgelöst werden. Die Anpassung besteht in der Überlebensdienlichkeit eines Verhaltensprogramms. Auch bei der Moral als einem kulturellen Verhalten müssen sich diese vier Merkmale unterscheiden lassen: Die Moral verbietet einen Typus des Verhaltens (Allgemeinheit), sie legt nur erlaubt und verboten fest (Ja-Nein-Prinzip), sie hebt das Unnormale als Verbotenes hervor (Prävalenz des Positiven), und sie soll das menschliche Zusammenleben und damit das Überleben der Menschheit (Anpassung) ermöglichen. Aufgrund dieser Leistung wird verständlich, daß die Moral hauptsächlich die beiden Lebensbereiche Liebe und Macht betrifft. Daß moralische Verbote in der Vergangenheit unerklärte Geltung besaßen, begründet Weizsäcker mit der bindenden Kraft eines unverstandenen Befolgens. Werden jedoch moralische Verbote z. B. mit dem Überlebensinteresse einer Gruppe oder einer Gesamtheit erklärt, so kann sich das Individuum fragen, ob es dieses Interesse anerkennen oder sich davon distanzieren soll.

Text

[...] Die praktisch gültigen Regeln der Moral haben einige kennzeichnende Eigenschaften, über die wir uns vielleicht manchmal nicht genug wundern. Sie sind *prohibitiv*[1] und sie gelten *unerklärt.* Sie beziehen sich vorwiegend auf zwei Lebensbereiche: auf *geschlechtliche Liebe* und auf *Macht.*

Die Regeln der Moral sind *prohibitiv,* nicht präskriptiv[2]: sie schreiben nicht das vor, was getan werden soll, sondern sie verbieten das, was nicht getan werden soll. So sind schon die zehn Gebote: du sollst nicht töten, du sollst nicht ehebrechen; du sollst keine anderen Götter neben mir haben. Die moralischen Gesetze sind völlig verschieden von den Naturgesetzen der Physik, die das positive Geschehen deterministisch[3] oder doch statistisch festlegen. Sie setzen die Freiheit des Handelns voraus: vieles kannst du und darfst du tun; einiges aber darfst du nicht, obwohl du es kannst.

Freilich haben wir hier schon ein gegenläufiges Phänomen zu sehen. Es gibt ein Luxurieren der speziellen Handlungsvorschriften, die zumal als kultische Regeln, aber auch z. B. in der elaborierten Höflichkeit, das Handeln weitgehend präskriptiv bestimmen. Der fundamentale Unterschied auch dieser Regeln gegen die Naturgesetze bleibt erhalten. Auch Kult und Höflichkeit sagen nicht voraus, was geschehen wird, sondern schreiben vor, was geschehen soll, und sie sind prohibitiv für die Verletzung der Vorschrift. Die nachher zu besprechende rationale Moral hat aber die präskiptiven Handlungsregeln mehr und mehr zurückgedrängt. Darum erlaube ich mir, weiterhin die Grundfigur der prohibitiven Moral zu betrachten.

Als prohibitive Regeln sind die moralischen Regeln gleichsam Verhaltensschemata zweiter Ordnung. Sie sind Verhalten in bezug auf eigenes Verhalten. Sie schließen gewisse Verhaltensweisen aus, die ohne das Verbot gerade stattfinden würden. Das gilt schon vom moralanalogen Verhalten der Tiere. Ein vielbesprochenes Beispiel ist die Hemmung der bewaffneten Tiere gegen die Tötung von Artgenossen: der Kampf um den Rang muß ausgetragen werden, aber nur bis zum sozialen Sieg, nicht bis zur Tötung.

Man kann die vier Verhaltensmerkmale an den üblichen moralischen Regeln vorfinden. Allgmeinheit: das Verbot ist begrifflich, es betrifft einen Typus des Verhaltens. Ja-Nein-Prinzip: nur erlaubt und verboten, gut und böse werden festgelegt. „Das Gute, dieser Satz steht fest, ist stets das Böse, was man läßt" (Wilhelm Busch). Prävalenz[4] des Positiven: Man ist versucht, hier eher von Prävalenz des Negativen zu sprechen. Das Verbotene ist ausdrücklich bezeichnet, nur bei komplizierter Kasuistik auch einmal das Erlaubte. Aber eben das Verbotene ist in der ersten Verhaltensstufe das Spezielle, das Positive. Das Verbot faßt nur, wenn das Verbotene nicht das Normale ist. Die Regeln von Kult und Höflichkeit heben das Nichtnormale als Gebotenes hervor; dies ist im engeren Sinne Prävalenz des Positiven. Das Grundphänomen ist, daß Ja und Nein nicht symmetrisch zueinander stehen: das eine wird hervorgehoben, das andere ist das Normale.

Das vierte Merkmal, der Anpassungswert der Moral, verdient eine ausführliche Betrachtung. Zunächst scheint es evident[5]: Moral soll das Bestehen der Gesellschaft ermöglichen, sie verbietet gesellschaftsschädigendes Verhalten. Dies erklärt unmittelbar ihre beiden Hauptanwendungsbereiche, *geschlechtliche Liebe* und *Macht* (letztere hier im weitesten Sinne genommen mit dem Hof von

Verhaltensweisen in Aggression, Rangkämpfen etc.). Es sind die beiden Bereiche, in denen schon tierisches und erst recht menschliches Verhalten luxurieren[6] kann, weil sie sich auf den Artgenossen beziehen. Hier meldet sich eine Beziehung der Moral auf das Phänomen des Luxurierens, der wir weiter nachgehen werden.

Wir betrachten zunächst die *Unerklärtheit* der Moral. Dies ist ein für das Verständnis der Moral zentrales Phänomen. Natürlich gibt es abgeleitete moralische Regeln, die auf grundlegende Regeln erläuternd zurückgeführt werden können. Du sollst nicht töten, also darfst du auch das Risiko fahrlässiger Tötung nicht laufen. Aber jede Regel tritt zunächst ohne Erklärung als Forderung auf, und für die grundlegenden Regeln bleibt dies auch bei einer möglichst vollständigen Durchrationalisierung der Moral erhalten. Dies ist formal genau die Struktur, die wir beim Gefüge der Zweckrationalität[7] angetroffen haben. Wird ein Zweck noch durch seine Zweckmäßigkeit erklärt, so ist damit ein anderer Zweck unerklärt vorausgesetzt.

Die moralische Wichtigkeit der Unerklärtheit der Moral läßt sich erläutern, indem wir den nächstliegenden Erklärungsversuch betrachten. Die positiven Regeln der Moral schränken fast durchweg den Handlungsspielraum des Individuums zugunsten anderer Individuen oder der Gesellschaft ein. Es liegt nahe, die Moral schlicht als die Zweckrationalität der Gesellschaft zu erklären. Diese Figur hält sich von Platon bis Luhmann durch. [...] Wenn ein kluges Individuum oder eine herrschende oder die Herrschaft anstrebende Gruppe dies erkannt hat, so fällt für den so Erkennenden der bindende Charakter der Moral dahin. Das Interesse des Individuums oder der Gruppe entscheidet nun darüber, ob der so partikular[8] Interessierte das Interesse der Gesamtheit als für ihn selbst wichtig anerkennt. In dieser Abhängigkeit von Partikularinteressen aber ist die Existenz der Gesamtheit nicht zu stabilisieren. Darwinistisch[9] gesagt: Nur solche Gesellschaften überleben, deren Glieder die der Gesellschaft nützende Moral unerklärt befolgen; gesellschaftliche Erklärung der Moral ist der Beginn ihres Endes. [...]

Aus: Carl Friedrich von Weizsäcker, Wahrnehmung der Neuzeit. Deutscher Taschenbuch Verlag, München 1985, S. 389-392

[1]prohibitiv: verhindernd, abhaltend, vorbeugend. [2] präskriptiv: vorschreibend. [3]deterministisch: vorbestimmt. [4]Prävalenz: Vorherrschaft. [5]evident: offenkundig. [6]luxurieren: sich steigern, ausufern. [7]Zweckrationalität: Beschaffung und Einsatz optimaler Mittel zur Erreichung eines Zwecks. [8]partikular: einen Teil betreffend. [9]Darwin, Charles (1809–1882), Naturforscher, Begründer der Theorie der natürlichen Auslese im Laufe der Evolution.

▷ Erläutern Sie den Unterschied zwischen Naturgesetzen und moralischen Gesetzen.
▷ Warum nennt Weizsäcker die moralischen Regeln „Verhaltensschemata zweiter Ordnung"?
▷ Inwiefern kann man die Hervorhebung des Verbotenen als „Prävalenz des Positiven" auffassen?
▷ Weshalb erklärt der Hauptzweck der Moral ihre beiden Hauptanwendungsbereiche?
▷ Warum ist nach Weizsäcker die „gesellschaftliche Erklärung der Moral (...) der Beginn ihres Endes"?

Konrad Lorenz: **Wie gut ist der Mensch von Natur aus?**

Zum Autor

Konrad Lorenz, am 7. November 1903 in Wien geboren, studierte in seiner Heimatstadt Medizin und Biologie. 1949 gründete er das Institut für Vergleichende Verhaltensforschung in Altenberg (Österreich) und wurde 1951 an das Max-Planck-Institut berufen. Von 1961 bis 1973 war er Direktor am Max-Planck-Institut für Verhaltensphysiologie in Seewiesen bei Starnberg. Lorenz ist einer der Begründer der Vergleichenden Verhaltenskunde, der Ethologie. 1973 wurde ihm, zusammen mit Karl von Frisch und Nikolaas Tinbergen, der Nobelpreis für Medizin und Physiologie zuerkannt. Nach seiner Emeritierung 1973 schuf die Max-Planck-Gesellschaft für ihn die Forschungsstation in Grünau im Almtal (Oberösterreich), wo er im Rahmen des Instituts für Vergleichende Verhaltensforschung der Österreichischen Akademie der Wissenschaften seine Forschungen fortsetzt.

Zum Text

Nach Lorenz' Auffassung wächst die Diskrepanz zwischen unserer natürlichen Neigung zu sozialem Verhalten und den Anforderungen an das Zusammenleben in der Gesellschaft. Unsere sozialen Instinkte reichen zwar für eine kleine überschaubare Gruppe aus, versagen aber in einer anonymen Massengesellschaft. Verschärfend tritt noch der Umstand hinzu, daß eine solche Gesellschaft durch rücksichtslosen Wettbewerb unsoziale Verhaltensweisen begünstigt. Der Moral fällt damit die Aufgabe zu, die Diskrepanz zwischen unserer beschränkten natürlichen Sozialität und den wachsenden kulturellen Anforderungen an sozial verantwortliches Verhalten zu überbrücken. In der Moral bilden die sozialen Instinkte mit den kulturellen Anforderungen eine funktionelle Systemeinheit. Durch diese Verschmelzung beider wird die unzureichende Anpassung unserer Instinkte an die Erfordernisse des Zusammenlebens in einer größeren Gesellschaft ausgeglichen.

Text

Es ist durchaus keine allzu gewagte Spekulation, wenn wir annehmen, daß die ersten echten Menschen, die wir aus der Vorgeschichte kennen, etwa die Cro-Magnon, ziemlich genau dieselben Instinkte, dieselben natürlichen Neigungen hatten wie wir selbst, und weiters, daß sie sich im Aufbau ihrer Gemeinschaften und in zwischengemeinschaftlichen Auseinandersetzungen nicht allzu verschieden von gewissen heute noch lebenden Stämmen, etwa den Papuas in Zentral-Neuguinea, verhielten. Bei diesen steht jede der winzigen Siedlungen mit der benachbarten in dauerndem Kriegszustande [...].

Nun stelle man sich, diese Annahmen als richtig voraussetzend, einmal vor, man lebe mit zehn bis fünfzehn seiner besten Freunde sowie deren Frauen und Kindern in einer derartigen Sozietät. Die paar Männer müssen notwendigerweise zu einer verschworenen Gemeinschaft werden, sie sind *Freunde* im wahrsten Sinne des Wortes. Jeder hat dem anderen viele Male das Leben gerettet, und wenn zwischen ihnen, etwa wie zwischen Schulbuben, stets auch eine gewisse Rivalität betreffs Rangordnung, Mädchen usw. bestanden haben mag, trat diese sicherlich stark zurück hinter der ständigen Notwendigkeit, sich gemeinsam gegen die feindlichen Nachbarn zu wehren. Man mußte gegen diese so oft um die Existenz der eigenen Gemeinschaft kämpfen, daß alle Triebe intra-spezifischer Aggression reichlich Absättigung nach außen hin fanden. Ich glaube, jeder von uns würde unter diesen Umständen gegen seine Genossen in jener Fünfzehn-Mann-Sozietät *schon aus natürlicher Neigung* die zehn Gebote des Mosaischen Gesetzes halten und jene weder töten noch verleumden, noch auch einem von ihnen seine Frau oder sonstiges, was sein ist, stehlen. [...]

Mit anderen Worten, die natürlichen Neigungen des Menschen sind gar nicht so schlecht. Der Mensch ist gar nicht so böse von Jugend auf, er ist nur *nicht ganz gut genug* für die Anforderungen des modernen Gesellschaftslebens.

Schon die Vergrößerung der zu einer Sozietät gehörenden Individuenzahl muß zwei Wirkungen entfalten, die das Gleichgewicht zwischen den wichtigsten Instinkten der gegenseitigen Anziehung und Abstoßung, das heißt zwischen dem persönlichen Band und der inner-artlichen Aggression stören. Erstens ist es den persönlichen Bindungen abträglich, wenn ihrer zu viele werden. Es ist alte Sprichwortweisheit, daß man nur wenige wirklich gute Freunde haben kann. Das große Angebot an „Bekannten", wie jede größere Gemeinschaft es zwangsläufig mit sich bringt, vermindert daher die Festigkeit der Einzelbindung. Zweitens bewirkt das enge Zusammendrängen vieler Individuen auf kleinem Raum eine Ermüdung aller sozialen Reaktionen. Jeder moderne Großstadtmensch, der mit sozialen Beziehungen und Verpflichtungen aller Art zwangs-überfüttert ist, kennt die beunruhigende Erscheinung, daß man sich über den Besuch eines Freundes, selbst wenn man ihn wirklich liebt und ihn lange nicht gesehen hat, nicht mehr ganz so freuen kann, wie man erwarten sollte. Auch bemerkt man in sich eine deutliche Neigung zu knurriger Abwehr, wenn nach dem Abendessen noch das Telephon läutet. Vermehrte Bereitschaft zu aggressivem Verhalten ist eine kennzeichnende Folge des Zusammengepferchtseins (engl. crowding), wie die experimentierenden Soziologen schon seit langem wissen.

Zu diesen unerwünschten Folgen des Anwachses unserer Sozietät gesellen sich noch diejenigen der Unmöglichkeit, aggressive Triebe im artgemäß „vorgesehenen" Ausmaße abzureagieren. Frieden ist die erste Bürgerpflicht, und das feind-

liche Nachbardorf, das einst der intraspezifischen Aggression befriedigende Objekte bot, ist in ideale Ferne gerückt.
Mit der höheren Entwicklung der Zivilisation werden alle Voraussetzungen für das richtige Funktionieren unserer natürlichen Neigungen zu sozialem Verhalten immer ungünstiger, während die Anforderungen, die an dieses gestellt werden, immer größer werden. Wir sollen unseren „Nächsten" so behandeln, als wäre er unser bester Freund, obwohl wir ihn vielleicht nie gesehen haben, ja, wir können mit Hilfe unserer Vernunft durchaus einsehen, daß wir verpflichtet sind, sogar unsere Feinde zu lieben, worauf wir auf Grund unserer natürlichen Neigungen nie verfallen wären. Alle Predigten der Askese, die davor warnen, den instinktmäßigen Antrieben die Zügel schießen zu lassen, die Lehre von der Erbsünde, die besagt, daß der Mensch böse von Jugend auf sei, sie alle haben den gleichen Wahrheitsgehalt: die Einsicht, daß der Mensch seinen ererbten Neigungen nicht blindlings folgen darf, sondern lernen muß, sie zu beherrschen und ihre Auswirkungen vorausschauend in verantwortlicher Selbstbefragung zu überprüfen.
Man kann erwarten, daß die Zivilisation – hoffentlich, ohne die Kultur hinter sich zu lassen – in ständig sich beschleunigendem Tempo weiterwachsen wird. Die Leistung, die der verantwortlichen Moral aufgebürdet wird, muß sich in gleichem Maße vergrößern und erschweren. Die Diskrepanz zwischen dem, was der Mensch aus natürlicher Neigung für die Allgemeinheit zu tun bereit ist, und dem, was sie von ihm fordert, wird immer größer und daher durch seine Verantwortlichkeit immer schwerer überbrückbar. Diese Einsicht ist deshalb sehr beunruhigend, weil man mit bestem Willen keine selektiven Vorteile am Werke sieht, die heute etwa einem Menschen aus der Stärke seines Verantwortlichkeits-Gefühles oder aus der besonderen Güte seiner natürlichen Neigungen erwachsen könnten. Es steht vielmehr ernstlich zu befürchten, daß die heutige, kommerzielle Gesellschaftsordnung unter dem wahrhaft teuflischen Einfluß des zwischenmenschlichen Wettbewerbes Zuchtwahl in genau umgekehrter Richtung treibt. Der Verantwortlichkeit erwächst also auch in dieser Richtung eine ständig schwerer werdende Aufgabe. Wir werden der verantwortlichen Moral die Lösung dieses Problems nicht erleichtern, wenn wir ihre Macht überschätzen. Eher mag dies durch die bescheidene Erkenntnis erreicht werden, daß sie „nur" ein *Kompensationsmechanismus* ist, der unsere Ausstattung mit Instinkten an die Anforderungen des Kulturlebens anpaßt und *mit ihnen eine funktionelle Systemganzheit bildet.* Diese Auffassung macht vieles sonst Unverständliche verständlich. [...]

Aus: Konrad Lorenz, Das sogenannte Böse. Zur Naturgeschichte der Aggression. Deutscher Taschenbuch Verlag, München 1973, S. 233–236

▷ Weshalb glaubt Lorenz, daß in der von ihm modellmäßig vorgestellten Fünfzehn-Mann-Sozietät die Zehn Gebote der Bibel schon aus natürlicher Neigung gelten würden?
▷ Wie beurteilt Lorenz die natürlichen Neigungen des Menschen unter den Bedingungen der modernen Gesellschaft? Was folgt hieraus?
▷ Welche beiden Gründe führt Lorenz für die vermehrte Bereitschaft zu aggressivem Verhalten in größeren Gesellschaften an?
▷ Erläutern Sie an einem Beispiel die Diskrepanz zwischen den natürlichen Neigungen des einzelnen und den Forderungen der Allgemeinheit an ihn.
▷ Wodurch sieht Lorenz die natürlichen Triebfedern der Moral wie Verantwortungsgefühl und Güte gefährdet? Welchen Mangel kompensiert die Moral?

Arnold Gehlen: **Instinkt und Moral**

Zum Autor

Arnold Gehlen, geb. 1904, Philosoph und Soziologe, war seit 1934 Professor in Leipzig, Königsberg, Wien, Speyer und Aachen. Seine philosophische Anthropologie beschreibt den Menschen als instinktarmes Wesen, das deshalb in seiner Lebensführung auf Institutionen angewiesen ist. Gehlen schrieb auch Analysen über die gegenwärtige Industriegesellschaft und die Kunst der Gegenwart. Er starb 1976 in Aachen.

Zum Text

Nach Gehlens Vermutung lassen sich die meisten moralischen Forderungen und Verbote auf instinktive Antriebe zurückführen. Gehlen nimmt darüber hinaus verschiedenartige instinktive Quellen an, so daß es zu unterschiedlichen ethischen Entwürfen kommen muß. Damit taucht die Frage auf, inwieweit diese miteinander verträglich sind. So würde sich z. B. eine auf politische Selbstbehauptung gerichtete Staatsethik nicht leicht mit der christlichen Brüderlichkeitsethik vereinbaren lassen, die auf der allgemeinen Menschenliebe beruht. Die christliche Ethik erklärt Gehlen aus der Erweiterung des instinktiv solidarischen Verhaltens innerhalb der Familie auf die gesamte Menschheit. Auch wenn diese Ethik in der westlichen Gesellschaft vorherrscht, ist ihre Vorherrschaft wegen der Vielzahl und Verschiedenartigkeit instinktiver Antriebe weder wünschenswert noch einleuchtend.

Text

[...] In unserem instinktiven Verhalten ist die Möglichkeit der Erweiterung ebendieses Verhaltens angelegt, und dies muß ich jetzt erklären. Denken wir an den allgemein bekannten Sachverhalt der Hegung kleiner Tiere durch Menschen, meist Frauen, die ein Bedürfnis nach Zärtlichkeit, Pflegeverhalten und Fürsorge für hilflose Wesen in biologisch verstehbarer Form haben. Dieses Bedürfnis gilt natürlich instinktiv und angeboren den Kleinkindern, es läßt sich aber, wie unser Beispiel zeigt, ablösen und auf andere Wesen übertragen, und andersherum gesehen *erweitert* sich dieses Verhalten, indem es außer den ursprünglich gemeinten arteigenen Wesen noch andere einbezieht. Es werden, etwas allgemeiner ausgedrückt, zusätzliche Umweltbestände in ein instinktives Verhalten einbezogen, das zunächst und biologisch zweckmäßig in einen nahen Umkreis eingepaßt war. Der Begriff „Erweiterung instinktiver Verhaltensweisen" wäre wohl damit an einem ersten Beispiel verdeutlicht, und zwar rein beschreibend, ohne daß wir die schwierige Frage nach Ursachen hätten aufwerfen oder gar beantworten müssen. Wir wollen sehen, ob diese Begriffsbildung noch weitere Anwendung findet. Ich möchte die Antwort in dem Versuch finden, den *Humanitarismus* zu verstehen. Unseren Zeitgenossen erscheint die Idee einer Fernethik, die den Menschen als solchen oder die gesamte Menschheit umfaßt, als selbstverständlich. Es gibt

heute eine Sympathieforderung oder Sozialmoral, die sich potentiell auf jeden Menschen auch außerhalb unseres Gesichtskreises erstreckt. Dennoch ist dieses Verpflichtungsgefühl nicht sehr alt, wenn man historisch denkt. Es trat in der hellenistischen Welt des vierten Jahrhunderts v. Chr. bei stoischen und kynischen Philosophen zuerst ans Licht, später hat der Stifter des Christentums eine universale Nächstenliebe mit dem Gebot der Gottesliebe verknüpft, so daß eine Humanitärethik der Ausbreitung des Christentums folgte, und im 18. Jahrhundert haben die Denker der Aufklärung sich zwar von den metaphysischen Aussagen des Christentums abgewendet, aber dieses Ethos beibehalten, so daß es von daher in die sozialistischen Ideensysteme überging. Im gesamten Bereich des Buddhismus und im Fernen Osten sowie im Bereich des Islam ist der Humanitarismus ebenso unbekannt wie in allen primitiven, vorantiken Kulturen.
Wenn man nach der anthropologischen Möglichkeit dieser folgenreichen Moral fragt, kann man nur mit Hilfe des vorhin beschriebenen Begriffs der Erweiterung antworten. Es besteht kein Zweifel, daß die Gefühle der Friedlichkeit, der Solidarität, der Treue und des Einstehens füreinander ihren prähistorischen ursprünglichen Ort in der Binnenmoral der Sippe oder Großfamilie haben. Hier liegt das Organisationszentrum dieser Bindungen. Wir wissen, daß die Menschen seit vielen Jahrtausenden in übersehbaren Gruppen einander persönlich bekannter Mitglieder gelebt haben, und wer nicht in eine solche Großfamilie gehörte, war ein Fremder und ein potentieller Feind. Innerhalb dieser Sippen mußten die Bindungskräfte der Sympathiebereitschaft, Friedlichkeit und Wechselhilfe in überzeugender Weise einen biologischen Stabilitäts- und Überlebenswert haben. Und nun hat sich seit etwas mehr als zwei Jahrtausenden gezeigt, daß mit wachsenden Verkehrsräumen und internationalen Kontakten und parallel zu dem dann geförderten Rationalismus diese Gesinnungen sich aus ihrer ursprünglichen Heimat, nämlich aus Verwandtschaftssippen, ablösen und erweitern, bis sie endlich in immer weitere Umkreise hinausschwingen und wenigstens in der Einbildung die Menschheit überhaupt umfassen. Die Humanitärethik wäre damit als eine *erweiterte Familienethik* erkannt, als eine idealisierte Familiarität, die alle Menschen mit allen verbindet. [...]

Aus: Arnold Gehlen, Die ethische Tragweite der Verhaltensforschung. In: Philosophische Anthropologie heute. C. H. Beck Verlag, München [2]1974, S. 227 f.

▷ Was versteht Gehlen unter Humanitarismus?
▷ Warum ist diese Ethik ein Beispiel für die Erweiterung instinktiver Verhaltensweisen?
▷ Nennen Sie die drei historischen Quellen, die er für die „Humanitärethik" angibt!
▷ Welcher Quelle kommt die größte Bedeutung zu? Begründen Sie Ihre Antwort am Text!
▷ Das Verhalten in der Familie ist von einem gefühlsmäßigen Zusammenhalt der Mitglieder geprägt. Welches Problem ergibt sich, wenn die Familienethik auf eine anonyme Massengesellschaft ausgedehnt wird?

Manfred Eigen / Ruthild Winkler:
Ethik aus evolutionstheoretischer Sicht

Zu den Autoren

Manfred Eigen, geb. 1927 in Bochum, Prof. Dr. rer. nat., Studium der Physik und Chemie in Göttingen. Seit 1964 Direktor am Max-Planck-Institut für physikalische (jetzt biophysikalische) Chemie. Erhielt 1967 den Chemie-Nobelpreis für seine Untersuchungen der Kinetik sehr schneller chemischer Reaktionen und trat in den letzten Jahren vor allem mit Arbeiten über die Selbstorganisation der Materie und die Evolution des Lebens hervor.
Ruthild Winkler-Oswatitsch, geb. 1941. Dr. der techn. Wissenschaften. Seit 1965 Mitarbeiterin von Manfred Eigen.

Zum Text

Eigen legt seinen Anmerkungen zur Ethik Poppers Einteilung der realen Welt in drei Teilwelten zugrunde: in die Welt 1 der Materie, in die Welt 2 des Bewußtseins und in die Welt 3 der Kultur. In allen drei Teilwelten laufen Prozesse der Selbstorganisation und damit auch Prozesse der Informationsspeicherung und -übermittlung ab. Genetischen Lernprozessen in der Welt 1 wohnt eine selektive Bewertung von Informationen inne, die im Wettbewerb der selbstreproduktiven Strukturen die Auslese der optimalen Struktur gewährleistet. In der Welt 2 übernehmen Lust, Schmerz und Angst die Bewertung von Informationen aus der Umwelt. Allerdings gewinnen beim Menschen diese Bewertungszentren ein gewisses Ausmaß an Selbständigkeit gegenüber ihrer ursprünglich überlebenserhaltenden Funktion. Es bilden sich individuelle Unterschiede der Bewertungen und Wertvorstellungen heraus. In der Welt 3 hätte nun die Ethik die selektive Bewertung von Informationen und Ideen vorzunehmen, um uns vor der Selbstzerstörung des Lebens durch mißbräuchlich verwendete Informationen und fehlgeleitete Ideen zu schützen. Eine solche Ethik müßte einerseits die Verschiedenheit individueller Wertvorstellungen berücksichtigen, sich andererseits aber nach den Bedürfnissen der Menschheit richten, insbesondere ihre Erhaltung garantieren.

Text

[...] Unter allen Lebewesen hat nur der Mensch eine nach logischen Prinzipien aufgebaute Sprache entwickelt, mit deren Hilfe er die ihm von den Sinnesorganen übermittelten, jedoch sehr begrenzten subjektiven Erfahrungen und Gedanken weitergeben, austauschen und neu kombinieren kann [...]
Die „Horizonterweiterung", die aus der sprachlichen Kommunikation hervorging, [...] befreit den Menschen schließlich von den durch das Darwinsche Prinzip gesetzten Zwängen. Aufgrund seiner sehr intensiven und multiplen[1] „geistigen" Wechselwirkungen hat jeder Mensch teil am gesamten Erfahrungsschatz der kulturellen Entwicklung. Dieses Erbe kann er – parallel zu, jedoch völlig unabhängig von der genetischen Informationsübermittlung – von Generation zu Generation weiterreichen und dabei ständig vervollkommnen. Allerdings fehlt diesem, in der Welt 3 ablaufenden Prozeß der Informationsspeicherung und Zugewinnung die einheitliche, *inhärente*[2] Bewertung, die für die genetischen Lernprozesse so charakteristisch ist.
In der Evolution – und schon in den frühesten subzellulären Stadien – ist selek-

tive Bewertung ein integraler Bestandteil des Wettbewerbs der selbstreproduktiven Strukturen. Das dem System eigene Bewertungsprinzip, das die Auslese der – in bezug auf effiziente Reproduktion – optimalen Struktur gewährleistet, ist ursächlich mit dem zugrundeliegenden autokatalytischen[3] Mechanismus sowie mit den aufgezwungenen Randbedingungen gekoppelt. Die Bewertungsskala psychischer Information ist in Verbindung mit der zentralnervös gesteuerten Reizverarbeitung aus der Evolution hervorgegangen. Anfänglich stützte sie sich allein auf die Selektion vorteilhafter, genetisch vorprogrammierter Verhaltensmuster. Die Ausbildung von Bewertungszentren, in denen Schmerz, Angst und Lust lokalisiert sind, erweitern den Spielraum für die gezielte Beantwortung von Umweltreizen aller Art. Auch hier ist die Übereinstimmung mit dem auf Überleben ausgerichteten Selektionsprinzip zunächst noch vollkommen. Erst beim Menschen erlangt das Bewertungsschema der psychischen Information individuelle Eigenständigkeit.

Wollte man ein gleichartiges Schema für die Welt 3 aufstellen, so dürfte man nicht die vielfältigen, subjektiv ausgerichteten Wertskalen der individuellen Ich-Welten unberücksichtigt lassen. Gerade in dieser Forderung offenbart sich aber das Dilemma unserer sozialen Wirklichkeit. Es gibt keinen den Ideen *innewohnenden* Mechanismus, der automatisch die Korrelation der selektiven Bewertung zwischen den Welten 1, 2 und 3 bewirken könnte.

Die in Welt 3 gespeicherte Information ist nicht durch eine automatische Sperre vor einer mißbräuchlichen Verwendung zur Selbstzerstörung des Lebens geschützt. *Das Überleben der Menschheit, auch wenn die natürlichen Voraussetzungen hierfür weiterhin gewährleistet sind, ist nicht durch irgendwelche wie auch immer geartete Gesetze der Materie garantiert.* Wir wiederholen daher: Eine Ethik muß sich an den Bedürfnissen der Menschheit orientieren. Sie muß die Erhaltung der Menschheit garantieren, ohne dabei die individuelle Freiheit des einzelnen Menschen über Gebühr zu beschneiden. Eine solche Ethik kann nicht aus irgendwelchen Gesetzen der Materie unterhalb der Organisationsstufe des Menschen hergeleitet werden.

Aus: Manfred Eigen / Ruthild Winkler, Das Spiel. Naturgesetze steuern den Zufall. Piper Verlag, München, 5. Aufl. 1983, S. 288–290

[1] *multipel: vielfältig.* [2] *inhärent: an etwas haftend, ihm innewohnend.* [3] *Autokatalyse: Beschleunigung einer Reaktion durch einen Stoff, der während dieser Reaktion entsteht.*

▷ Worin unterscheidet sich nach Eigen/Winkler die kulturelle Informationsspeicherung und -erweiterung von der genetischen?

▷ Wozu bildet sich in der Evolution eine Bewertungsskala psychischer Information heraus?

▷ Erläutere den Satz: „Erst beim Menschen erlangt das Bewertungsschema der psychischen Information individuelle Eigenständigkeit."

▷ Welchen Schluß ziehen Eigen und Winkler aus der Tatsache, daß Ideen nicht schon in sich eine Bewertung ihrer Lebensdienlichkeit enthalten?

▷ Weshalb ist eine Ethik unzureichend, die sich ausschließlich am Überleben der Menschheit orientiert? Vergleichen Sie Eigen/Winklers Anforderung an eine Ethik mit derjenigen von Russell. Was stellen Sie fest?

▷ Eigen und Winkler weisen auf Entsprechungen zwischen der phylogenetischen und der sozio-kulturellen Evolution hin. Welchen Platz nimmt in dieser analogen Sicht die Ethik ein?

III. Philosophiegeschichtlich bedeutsame Ansätze zur Begründung von Ethik

Sokrates: Der argumentative Dialog als Grundlage und Weg zum rechten Handeln

Sokrates nimmt den Giftbecher. Holzstich, um 1860

Sokrates, geb. 470 v. Chr. in Athen, lehrte auf den Straßen und Plätzen Athens seine Mitbürger, besonders die vornehme Jugend. Schriften hat Sokrates nicht hinterlassen, doch sind seine philosophischen Gespräche in den Berichten seiner Schüler Xenophon und Platon aufgezeichnet. Die „Apologie" ist die Verteidigungsrede des Sokrates gegen die Anklage der Gottlosigkeit und Jugendverführung. Nach seiner Verurteilung zum Tode im Jahre 399 verzichtete er auf die mögliche Flucht. Im Dialog „Plaidon" hat uns Platon die letzten Stunden des Sokrates überliefert. Insbesondere das hier entworfene Bild seines Lehrers bestimmt – von der Stoa über die Aufklärung bis zur Gegenwart – das Ideal des Weisen.

Einführung

Die ionischen Naturphilosophen fragten, ob es etwas Bleibendes in der Veränderung, etwas Dauerhaftes im Wechsel von Entstehen und Vergehen gebe. Dieses Problem bestimmt auch das Nachdenken über ethische Fragen im Zeitalter der griechischen Aufklärung (5. u. 4. Jh. v. Chr.). Gibt es ein unveränderliches Recht oder Gesetz im Wechsel der Zeiten und angesichts der Verschiedenheit der Sitten und Gesetze bei den Völkern und Staaten?

Die griechischen Aufklärer – die Sophisten – bejahten diese Frage und trafen die Unterscheidung zwischen einem Recht, das von Natur aus bestehe und deshalb dauerhaft sein müsse, und einem Recht, das durch menschliche Übereinkunft festgesetzt worden sei und deshalb dem Wandel und geschichtlichen Bedingungen unterliege. Diese Unterscheidung von Natur und Satzung führte einige Sophisten zu einer radikalen Kritik der überlieferten Sitten und Gesetze, die – ganz modern – als Ausdruck des Interesses oder Vorteils der Herrschenden oder Starken gedeutet wurden. Man braucht demnach den Sitten und Gesetzen nur insoweit zu gehorchen, als sie dem eigenen Vorteil oder Interesse dienen.

Vor diesem zeitgeschichtlichen Hintergrund muß man das Auftreten des Sokrates (470–399 v. Chr.) sehen. Er war ebenso wie die meisten Sophisten nicht an naturphilosophischen, sondern an ethischen Fragen interessiert. Im Unterschied zu den Sophisten aber geht Sokrates von der Vernunft als einer moralischen Kraft im Menschen aus. Er nimmt an, daß klares Denken und die Suche nach Erkenntnis von größter Bedeutung für eine rechte Lebensführung sind; denn niemand handelt, so meinte er, wider sein besseres Wissen. Daher entspringen moralische Vergehen einem Mangel an Einsicht. Tugend ist Weisheit, Weisheit aber läßt sich lehren, also läßt sich die moralische Vortrefflichkeit lehren. Die enge Verbindung von Tugend und Einsicht ist für die sokratische Lehre charakteristisch. Das unterscheidet sie grundsätzlich von der paulinischen und damit christlichen Lehre, wonach ich das Gute nicht tue, das ich will, sondern das Böse, das ich nicht will, weil die Sünde in mir wohnt.

Sokrates lehrt Einsicht und Tugend durch eine besondere Methode: die Dialektik. Die Erkenntnis soll durch Frage und Antwort im gemeinsamen Gespräch gefunden werden, man könnte auch sagen: in freier Diskussion. Dieser dialektischen Methode liegt die Einsicht des Sokrates zugrunde, daß er selbst, aber auch die anderen Gesprächspartner, nicht im Besitze der Wahrheit sind, sondern nach ihr suchen und forschen müssen.

Sokrates glaubte nicht, daß ethisches Wissen unmöglich sei. Aber er wollte es prüfen und begründen, indem er kritisierte, was ihm und anderen gewiß zu sein schien. Das „Erkenne dich selbst!" bedeutet bei ihm vor allem: „Erkenne deine Grenzen! Sei dir bewußt, wie wenig du weißt!" Es ist eine Aufforderung zur intellektuellen Bescheidenheit, Ehrlichkeit und Selbstkritik.

Mit seinem Ausspruch „Sorgt für eure Seelen!" dringt er auf die sittliche Vervollkommnung des einzelnen. Seine Betonung der Selbstgenügsamkeit des tugendhaften Menschen zeigt seine Hochschätzung der Individualität und ihrer sittlichen Integrität. Diese Hochschätzung drückt sich auch in seiner Feststellung aus, daß ihm seine Richter nicht schaden könnten. Mit der Begründung, es sei besser, Unrecht zu erleiden als Unrecht zu tun, weigert er sich, die athenischen Gesetze dadurch zu verletzen, daß er aus dem Gefängnis flieht. So steht er mit seinem Tod für diese überaus wichtige ethische Erkenntnis ein.

Sokrates lehrte nur mündlich und hinterließ keine Schriften; deshalb sind wir beim Studium seiner Gedanken auf die Aufzeichnungen seiner Schüler vor allem Platon (427–347 v.Chr.), angewiesen.

Platon: **Die Verteidigungsrede des Sokrates** (Kap. V–IX)

V. Vielleicht möchte einer von Euch einwerfen: „Aber Sokrates, was ist denn eigentlich dein Tun und Treiben? Woher sind solche Verleumdungen von dir entstanden? Es kann doch über dich, der du nichts Besonderes getan, als was andre tun, nicht so viel Gerede und Gerücht geworden sein, wenn du nicht doch irgendwie anders gelebt hast als die große Menge? Sage uns also was das ist, damit wir nicht von dir mit ungewaschenen Händen urteilen." Wer so spricht, scheint mir vernünftig zu sprechen, und ich will versuchen, ob ich Euch begreiflich machen kann, was das ist, das mir den Namen und das Gerede gemacht hat. Höret denn! Vielleicht wird, was ich sage, einigen unter Euch wie Scherz vorkommen; wißt aber, daß ich Euch die lautre Wahrheit sage. Ich also, Ihr Männer von Athen, habe diesen Namen durch nichts anderes als durch eine gewisse Weisheit erhalten. Durch was für eine Weisheit? Durch eine, die vermutlich menschliche Weisheit ist; denn ich scheine wirklich mit dieser begabt zu sein. Die Weisheit aber, damit jene, von denen ich soeben geredet habe, etwa begabt sind, muß eine übermenschliche sein, oder ich weiß nicht, wie ich sie nennen soll; denn ich bin in ihr nicht erfahren, und wer das behauptet, der sagt die Unwahrheit und will mich verleumden. Und lärmt mir nicht, Ihr Männer von Athen, auch nicht, wenn ich Euch etwas Außerordentliches zu sagen scheine. Denn ich gebe nicht als *mein* Wort, was ich sage, sondern ich will einen Sager anführen, und den werdet Ihr gelten lassen. Der Zeuge nämlich dieser meiner Weisheit, ob und was sie auch sein mag, ist der Gott zu Delphi[1]. Ihr kennt den Chärephon[2]; er war mein Freund von Kindesbeinen an, und der Freund von vielen unter Euch; er hat die bekannte Verbannung mitgemacht und kam mit Euch zurück; Ihr wißt, was er für ein Mann war, und wie er trieb und durchsetzte, was er sich vornahm. Einmal nun, als er nach Delphi kam, wagte er folgendes den Gott zu fragen; aber, wie ich sage, Ihr müßt nicht lärmen, Ihr Männer; er fragte also: ob irgend jemand weiser sei als ich. Die Pythia gab die Antwort, daß niemand weiser sei; und dies kann sein Bruder, der hier gegenwärtig ist, Euch bezeugen, da er selbst nicht mehr lebt.

VI. Seht nun, wozu ich Euch dies sage; ich will Euch nämlich zeigen, woher mein Leumund gekommen ist. Als ich dies hörte, dachte ich in meinem Herzen darüber nach: Was meint der Gott? Und was bedeutet sein Rätselwort? Denn ich bin mir weder vieler noch weniger Weisheit bewußt. Was meint er denn, wenn er sagt, daß ich der Weiseste sei? Lügen tut er nicht; das steht ihm nicht an. Ich war lange Zeit ungewiß, was er meine. Hernach bin ich endlich auf folgenden Weg gekommen, seine Meinung herauszubringen. Ich ging nämlich zu einem von denen, die für weise galten, um hier, wenn irgendwo, den Götterspruch zu widerlegen und dem Orakel zu beweisen: dieser ist weiser als ich, und du hast doch gesagt: daß ich es sei. Da ich nun diesen Mann scharf ins Auge faßte, mit Namen darf ich nichts nennen, aber er war der Staatsmänner einer, da ich ihn also ins Auge faßte, widerfuhr mir folgendes, Ihr Männer von Athen: In der Unterredung also, die ich mit ihm hatte, schien mir dieser Mann vielen andern Menschen und sonderlich sich selbst weise zu scheinen, es aber nicht zu sein. Und hernach versuchte ich es ihm zu zeigen, daß er zwar glaube, weise zu sein, es aber nicht sei; dadurch aber machte ich ihn und viele von denen, die gegenwärtig waren, böse. Beim Weggehen nun dachte ich bei mir selbst: du bist weiser als dieser Mensch. Denn es hat das Ansehen, daß keiner von uns beiden weiß, weder was schön noch was gut ist; dieser aber meint etwas zu wissen, da er doch nichts weiß; ich aber, so wie ich nicht weiß, so meine ich auch nicht. Ich scheine also in einer Kleinigkeit weiser als er zu sein, darin nämlich, daß ich das, was ich nicht weiß, auch nicht zu wissen glaube. Von hier ging ich zu einem andern von denen, die noch mehr angesehen waren als dieser; und ich habe immer dasselbe wieder gefunden, und habe auch ihn und viele andere böse gemacht.

VII. Hierauf nun ging ich in der Folgezeit mit dem Bewußtsein und mit Betrübnis und Furcht, daß ich mich verhaßt mache; zu gleicher Zeit aber schien es mir, daß man das, was von dem Gott kömmt, über alles andre achten müsse und, wer den Götterspruch verstehen lernen will, gehen müsse zu allen, die sich etwas zu wissen dünken. Und auf Glauben, Ihr Männer von Athen! denn ich muß vor Euch die Wahrheit sagen, ich habe es in der Tat gefunden wie folget: diejenigen, die ihrer Weisheit wegen am hochberühmtesten sind und einen großen Namen haben, sind mir als die Allerarmseligsten vorgekommen, da ich nach der Weisung des Gottes mich umsah; andre aber, die geringer geachtet werden, viel aufgelegter zum Klugwerden.

Ich muß Euch mein ganzes Tun und Treiben erzählen, und was ich alles versucht und unternommen habe, damit mir das Orakel unwidersprechlich gewiß werden möchte. Von den Staatskundigen ging ich zu den Poeten, sowohl den Tragödien- als Dithyramben-Dichtern und den andern, auf daß hier meine geringere Weisheit an Tag komme, und ich gleichsam auf der Tat ertappt werden möchte. Ich sprach also mit ihnen über solche von ihren Gedichten, darein sie mir am meisten Sinn schienen gelegt zu haben, und fragte sie, was dies und das bedeute, damit ich zugleich etwas von ihnen lernen möchte. Ich schäme mich, Euch zu sagen, Ihr Männer, wie es wahr ist. Gleichwohl muß es heraus. Und mit einem Wort, alle Anwesenden beinahe sprachen von dem, was jene selber gemacht hatten, besser als sie selbst. Ich sahe also auch wieder bei den Poeten in kurzer Zeit, daß sie, was sie gedichtet, nicht aus Weisheit gedichtet hätten, sondern aus einer natürlichen Eingebung und Begeisterung wie die Seher und Weissager. Denn auch diese sagen viele und schöne Sachen, verstehen aber nichts von dem, was sie sagen. So ohngefähr erschien mir auch das, was den begeisterten Poeten widerfährt. Zugleich merkte ich auch, daß sie ihrer Dichterei wegen glaubten, auch in andern Dingen zu den weisesten der Menschen zu gehören, worin es aber nicht zutraf. Ich ging also auch von hier weg und glaubte, in dem nämlichen Punkt, wie vorhin den Staatsleuten, auch ihnen überlegen zu sein.

VIII. Zum Beschluß ging ich nun zu den Handwerkern; denn ich war mir bewußt, daß ich nichts wisse, so zu sagen; ich wußte aber gewiß, daß ich hier Leute finden würde, die viele und nützliche Sachen wüßten. Und darin betrog ich mich auch nicht; sie wußten wirklich Sachen, die ich nicht wußte, und waren in diesem Stück weiser als ich. Aber, Ihr Männer von Athen, eben den Fehler, den die Poeten hatten, schienen mir diese guten Werkleute auch zu haben. Weil sie in ihrer Kunst Meister waren, so beanspruchte ein jeder, er verstehe auch die anderen wichtigsten Dinge meisterlich. Und dieser ihr Mißgriff machte jene Weisheit wieder zunichte; wenn ich mir selbst, im Namen des Orakels, die Frage vorlegte, was ich am liebsten wollte, so bleiben wie ich bin, und weder ihre Weisheit noch ihren Unverstand haben, oder beides haben, wie sie es haben, so würde ich mir und dem Orakel antworten, daß es für mich viel besser sei, zu bleiben, wie ich bin.

IX. Durch diese Prüfung nun, Ihr Männer von Athen, habe ich mir viele Feindschaften zugezogen, die heftigsten und bittersten, und daraus sind mir denn die mancherlei Verleumdungen entstanden, und auch der Name eines Weisen beigelegt worden; denn überall glauben die Leute, die umherstehen und zuhören, ich müsse in den Sachen, darin ich einen andern seiner Unwissenheit überführen, weise sein. Ich aber glaube, der Gott sei in der Tat weise, und sage in diesem Orakel, daß die menschliche Weisheit wenig oder gar nichts wert sei; und er scheint diesen Sokrates zu nennen und meinen Namen zu brauchen, um an mir ein Exempel zu geben, als wollte er sagen: „Der, Ihr Menschen, ist der Weiseste unter Euch, der da, wie Sokrates, erkennet, daß er zur Weisheit wahrhaftig gar nichts wert sei." Dies nun suche ich, bisher noch, zu erforschen und zu erkunden nach dem Willen des Gottes bei Einheimischen und Fremden, wo ich vermute, daß jemand weise sei; und wenn er mir denn nicht so dünkt, so komme ich dem Gott zu Hilfe, und zeige ihm, daß er nicht weise ist. Und wegen dieser Tätigkeit habe ich nicht Zeit gehabt, weder in Stadt- noch in meinen häuslichen Geschäften irgend etwas von Bedeutung zu schaffen, sondern ich bin in großer Armut allenthalben dieses Gottesdienstes wegen. [...]

Aus: Platon, Sokrates im Gespräch. Übersetzt von M. Claudius, durchgesehen von B. Snell. Fischer Bücherei, Frankfurt am Main 1956, S. 9–12

[1] *Der Gott von Delphi war Apollon, der nach altgriechischem Glauben im Tempel von Delphi durch den Mund der Priesterin Pythia den Menschen die Zukunft weissagte. Diese meist mahnenden Orakelsprüche haben „mit mächtiger erzieherischer Kraft auf das ganze griechische Leben ausgestrahlt" (Wolfgang Schadewaldt).* [2] *Chärephon, ein Freund und Bewunderer Sokrates', hatte das Orakel von Delphi befragt, wer der Weiseste sei, und hierbei die Antwort erhalten, daß es Sokrates sei.*

▷ Wodurch hat sich Sokrates bei den Athenern einen Namen gemacht?
▷ Worin besteht die menschliche Weisheit des Sokrates?
▷ Welches Verfahren wendet Sokrates an, um die Meinung des Orakels herauszufinden?
▷ Woran denkt Sokrates vermutlich, wenn er sagt: „Keiner von uns beiden weiß, weder was schön noch was gut ist"?
▷ Im Unterschied zu den Staatsmännern und Dichtern besitzen die Handwerker ein konkretes Wissen. Warum können auch sie vor Sokrates nicht bestehen?
▷ Kann man angesichts der ungeheuren Fortschritte der Wissenschaft auch heute noch behaupten, „daß die menschliche Weisheit wenig oder gar nichts wert sei"? Berücksichtigen Sie, welchen Begriff von Weisheit oder Wissen Sokrates benutzt.
▷ Woran erkennt man, daß Sokrates trotz seiner Einsicht in unser Nichtwissen kein Verächter der Wissenschaft und der Suche nach Gründen ist?
▷ Wie läßt sich Sokrates' Haltung charakterisieren?
▷ Kennen Sie Philosophen aus der Neuzeit, die seine Haltung teilen?

Fragen zum Text S. 39

▷ Worin sieht Sokrates die Parallelität zwischen der Redefeindschaft und der Menschenfeindschaft?
▷ Was heißt „Redefeindschaft"? Wogegen wendet sich eigentlich derjenige, der Reden haßt? Wie bezeichnet man ihn heute?
▷ Weshalb kann einem kaum „etwas Ärgeres begegnen, als wenn man Reden haßt"? Was gibt man damit auf?

Platon: **[Die Warnung des Sokrates vor Redefeindschaft]**

Aber daß wir uns ja zuerst hüten, daß uns nicht etwas Gewisses begegne. – Was doch? fragte ich. – Daß wir ja nicht Redefeinde werden, sprach er, wie andere wohl Menschenfeinde. Denn unmöglich, sagte er, kann einem etwas Ärgeres begegnen, als wenn er Reden haßt. Und die Redefeindschaft entsteht ganz auf dieselbe Weise wie die Menschenfeindschaft. Nämlich die Menschenfeindschaft entsteht, wenn man einem auf kunstlose Weise zu sehr vertraut und einen Menschen für durchaus wahr, gesund und zuverlässig gehalten hat, bald darauf aber denselben als schlecht und unzuverlässig findet, und dann wieder einen; und wenn einem das öfter begegnet und bei solchen, die man für die vertrautesten und besten Freunde hält, so haßt man dann endlich, wenn man immer wieder anstößt, alle, und glaubt, daß nirgend an einem irgend etwas Gesundes ist. Oder hast du nicht bemerkt, daß es so zu gehen pflegt? – Jawohl, sagte ich. – Ist das nun nicht, sprach er, schändlich, und ist nicht offenbar, daß ein solcher sich ohne die Kunst, die sich auf Menschen versteht, an den Umgang mit den Menschen wagt? Denn wenn er dieser Kunst gemäß mit ihnen umginge: so würde er, wie es sich in der Tat verhält, so auch glauben, daß die sehr guten und sehr schlechten beide immer nur wenige sind, die mittelmäßigen aber am zahlreichsten. – Wie meinst du das? sprach ich. – Gerade, sagte er, wie mit dem sehr Großen und sehr Kleinen; glaubst du, daß es etwas Selteneres gibt, als einen ganz ausgezeichnet großen oder ausgezeichnet kleinen Menschen oder Hund oder sonst etwas zu finden? Und ebenso mit schnell und langsam, häßlich und schön, weiß und schwarz? Oder hast du nicht gemerkt, daß von alledem das Äußerste selten vorkommt und wenig, das Mittlere aber unendlich häufig? – Freilich, sprach ich. – Und meinst du nicht, sagte er, wenn ein Wettstreit der Schlechtigkeit angestellt würde, daß auch da nur sehr wenige sich als die ersten zeigen würden? – Natürlich, sagte ich. – Freilich natürlich, sprach er; aber darin sind eigentlich die Reden nicht den Menschen ähnlich, sondern nur, weil du führtest, bin ich dir hierher gefolgt, wohl aber darin, daß, wenn jemand einer Rede getraut hat, daß sie wahr sei, ohne die Kunst, welche sich auf Reden versteht, und sie ihm dann bald darauf wieder falsch vorkommt, manchmal mit Recht, manchmal mit Unrecht, und so wieder eine und eine andere – und vorzüglich gilt das, wie du wohl weißt, von denen, die sich mit Streitreden abgeben, daß sie am Ende glauben, ganz weise geworden und allein zu der Einsicht gelangt zu sein, daß nicht nur an keinem Dinge irgend etwas Gesundes und Richtiges ist, sondern auch an den Reden nicht, vielmehr alles sich ordentlich wie im Euripos von oben nach unten dreht und keine Zeitlang bei etwas bleibt. – Vollkommen richtig, sprach ich, redest du. – Und, o Phaidon, wäre das nun nicht ein Jammer, wenn es doch wirklich wahre und sichere Reden gäbe, die man auch einsehen könnte, wenn einer, weil er auf solche Reden stößt, die ihm bald wahr zu sein scheinen, bald wieder nicht, sich selbst nicht die Schuld geben wollte und seiner Kunstlosigkeit, sondern am Ende aus Mißmut die Schuld gern von sich selbst auf die Reden hinwälzte und dann sein übriges Leben in Haß und Schmähungen gegen alle Reden hinbrächte und so der Wahrheit und Erkenntnis der Dinge verlustig ginge? – Beim Zeus, sagte ich, ein großer Jammer.

Aus: Platon, Phaidon. In: Platon, Sämtliche Werke, Band III, übersetzt von F. Schleiermacher, Rowohlt Verlag (Rowohlts Klassiker), Reinbek bei Hamburg, S. 40–41

Platon: **Die Verteidigungsrede des Sokrates** (Kap. XVII)

XVII. Ich hätte schlimm gehandelt, Ihr Männer von Athen, wenn ich zwar in Potidäa, im Amphipolis und Delium[1] da stehen blieb, wo die Vorgesetzten, die Ihr mir vorgesetzt hattet, mich hinstellten – ich blieb damals stehen, wie ein jeder anderer auch, und lief die Gefahr, getötet zu werden –, wenn ich nun aber von dem Platz, an den mich der Gott, wie ich glaubte und überzeugt war, hingestellt hatte, als ein Weisheit-Liebhaber zu leben und mich selbst und andre zu forschen und zu prüfen, wenn ich von dem Platz weichen wollte aus Furcht des Todes oder sonst eines Dinges –, das wäre niederträchtig, und einer könnte mich wahrlich mit Recht vor Gericht anklagen, daß ich nicht an Götter glaube, weil ich dem Orakel nicht gehorsam bin, und weil ich den Tod fürchte und mich also weise dünke, da ich es doch nicht bin. Denn, Ihr Männer, den Tod fürchten ist nichts anders, als sich weise dünken, da man es nicht ist; nichts anders, als das zu wissen glauben, was man nicht weiß. Denn niemand kennt den Tod, und niemand weiß, ob er nicht vielleicht das größte Gut für den Menschen ist; und sie fürchten ihn, als wüßten sie gewiß, daß er das größte Übel sei. Ist denn das nicht jener Unverstand, der schändlichste von allen: etwas zu wissen glauben, was man nicht weiß. Ich aber, Ihr Männer, bin gerade in diesem Punkt vielleicht von den meisten Menschen verschieden; und wenn ich irgendworin weiser zu sein meine als ein andrer, so ist das hier: daß ich, so wie ich „das nach dem Tode" nicht hinlänglich weiß, es auch nicht glaube zu wissen. Aber Unrecht tun und auf den Bessern, Gott oder Mensch, nicht hören, daß das böse und schändlich ist, das weiß ich. Ich werde also zugunsten des Bösen, von dem ich weiß, daß es böse ist, mich vor dem, von dem ich nicht weiß, ob es nicht vielleicht gut sein kann, niemals fürchten noch fliehen. Wenn Ihr mich nun entließet und dem Anytus nicht Gehör gäbet, der da gesagt hat: entweder ihr hättet mich gar nicht vor Gericht ziehen müssen, oder nun Ihr es einmal getan habt, müßtet Ihr mich auch töten, weil sonst, wenn ich davon komme, Eure Söhne der Lehre des Sokrates nachlaufen und alle ganz und gar würden verdorben werden, ich sage, wenn Ihr mich entlassen wolltet und zu mir sprächet: Sokrates, wir geben dem Anytus nicht Gehör, sondern wir entlassen dich, doch auf die Bedingung, daß du dich mit jener Prüfung und dem Weisheitliebhaben nicht weiter befassest; wirst du aber wieder darauf ertappt, so sollst du sterben – wenn Ihr nun das tätet, so würde ich Euch sagen: Ihr Männer von Athen, ich ehre und liebe Euch, gehorche aber Gott mehr als Euch, und so lange noch der Odem und das Leben in mir sind, werde ich nicht aufhören, mich mit der Weisheit zu beschäftigen und Euch zu vermahnen und zurecht zu weisen und, wo ich einen von Euch treffe, ihm zu sagen, wie ich bisher getan habe: Du guter Mensch, du bist aus Athen, aus der Stadt, die wegen ihrer Weisheit und Stärke unter allen Städten am größten und berühmtesten ist, und du schämst dich nicht, nach Reichtum, Ehre und Ansehen zu streben, um möglichst viel davon zu gewinnen –, um Verständigkeit aber und Wahrheit und um deine Seele, daß sie möglichst gut werde, kümmerst und sorgest du nicht. Und wenn denn einer von Euch dagegen spricht und sagt: er sorge darum, so werde ich ihn nicht gleich fahren lassen, noch fortgehen, sondern ich werde ihn fragen und forschen und zu sich selbst bringen. Und wenn er mir nicht schiene Tugend wirklich zu besitzen, sie aber auszuhängen, so würde ich ihn schelten, daß er die wertvollsten Dinge am geringsten, die geringen aber höher achtet. Das werde ich tun, an Jung und Alt, wo ich sie treffe, und Fremden und Einheimischen; den Einheimischen aber, da Ihr mir näher verwandt seid, am meisten. Denn das befiehlt der Gott, wißt Ihr wohl! – und ich glaube, daß Euch keine größere Wohltat je in der Stadt geworden ist als mein Gehorsam gegen den Gott. Denn ich tue nichts anders, als daß ich herumgehe und euch, Junge und Alte, bitte und rate, nicht zuerst für den Leib und für Reichtum, noch für sonst irgend etwas so sehr zu sorgen, als für die Seele, daß sie vollkommen werde, Euch sagend, daß Tugend nicht aus Reichtum komme, sondern der Reichtum und alles, was die Menschen als Menschen und als Bürger glücklich machen kann, aus der Tugend. Wenn ich nun damit, daß ich dies sage, die jungen Leute verderbe, so müßte denn dies schädlich und verderblich sein. Spricht aber jemand, daß ich etwas anders als dies sage, der sagt nichts. Weiter sage ich, Ihr Männer von Athen, gebt dem Anytus Gehör oder nicht, sprecht mich los oder nicht: ich werde nie etwas anders tun, auch nicht, wenn ich mehr als einmal sterben müßte.

Aus: Platon, Sokrates im Gespräch, a. a. O., S. 20–21

[1] *Orte, an denen Kämpfe stattfanden, bei denen Sokrates sich als Soldat auszeichnete.*

▷ Wie rechtfertigt Sokrates sein öffentliches Auftreten in Athen?
▷ Was lehrt Sokrates?
▷ Vergleichen Sie die Lehre des Sokrates mit der Bibel, Matthäus 6, 19–34, 16 und 26! Was fällt Ihnen auf?
▷ Was sagt Sokrates über das Verhältnis von Glück und Tugend?
▷ Vergleichen Sie seine Auffassung mit dem Lehrsatz des Spinoza:
„Die Glückseligkeit ist nicht der Lohn der Tugend, sondern die Tugend selbst, und wir erfreuen uns ihrer nicht, weil wir die Lüste einschränken, sondern umgekehrt, weil wir uns ihrer erfreuen, können wir die Lüste einschränken."

Schulszene auf einer griechischen Schale aus der Zeit des Sokrates

Platon: **[Sokrates' Dialog mit Kriton über Unrecht und Vergeltung]**

Sokrates: Fordern wir, daß man in keinem Falle freiwillig ein Unrecht begehen darf, oder in dem einen Falle ja und in dem anderen nein? Oder ist nie und nimmer das Unrechttun gut und ehrenhaft, so wie es ehedem so oft zwischen uns ausgemacht wurde? Ist etwa alles das, worin wir früher einig waren, in diesen wenigen Tagen verflogen, und wir bejahrte Männer, Kriton, besprechen uns seit Jahren ernstlich miteinander und haben gar nicht gemerkt, daß wir die reinen Kinder sind? Oder ist es ohne jedes Schwanken so wie wir es sonst gesagt haben: mögen die Vielen ja sagen oder nicht, mag uns Härteres als jetzt zu dulden auferlegt werden oder Milderes, dennoch ist Unrechttun für den Unrechttuenden schlecht und schimpflich in jeglichem Falle? Stehen wir dazu oder nicht?
Kriton: Gewiß.
Sokrates: Nie und nimmer also darf man Unrecht tun.
Kriton: Gewiß nicht.
Sokrates: Also auch nicht, wenn man Unrecht erfährt, mit Unrecht vergelten, wie die Vielen glauben, wenn denn nie und nimmer Unrecht getan sein darf.
Kriton: Offenbar nicht.
Sokrates: Weiter, Kriton: Darf man Schaden zufügen oder nicht?
Kriton: Nein, man darfs nicht, Sokrates.
Sokrates: Und weiter: Schaden mit Schaden vergelten, wie die Vielen wollen, ist das gerecht oder nicht gerecht?
Kriton: Nie und nimmer.
Sokrates: Denn jemandem Schaden zufügen unterscheidet sich ja in nichts vom Unrechttun.
Kriton: Du sprichst die Wahrheit.
Sokrates: Man darf also keinem Menschen mit Unrecht oder Schaden vergelten, was immer man auch von ihm erdulde. Gib aber acht, Kriton, wenn du diesem zustimmst, daß du ihm nicht wider deine eigentliche Meinung zustimmst; denn ich weiß, daß nur ein paar Leute auf diesem Boden stehen, heute und künftig. Die zu dieser Überzeugung stehen und die anderen, zwischen denen gibt es keine Gemeinsamkeit des Beratens, notwendig müssen sie einander gering achten, wenn einer des andern Entscheidungen sieht. So prüfe du recht wohl, ob du mitmachst und auf diesem Boden stehst, ob wir bei unserer Beratung davon ausgehen sollen, daß nicht wohlgetan ist Unrecht tun noch mit Unrecht vergelten, nicht gegen Schädigung sich wehren mit Schädigung – oder ob du beiseite stehst und dich diesem Ausgangssatz nicht anschließt. Ich nämlich stehe seit je und noch heute auf diesem Standpunkt; wenn du aber irgend zu einer anderen Überzeugung gelangt bist, so sag es und belehre mich. Bleibst du aber bei unsern früheren Ansichten, so höre, was daraus folgt.
Kriton: Ich bleibe dabei und mache mit; so sprich.

Aus: Platon, Kriton. In: Platon, Sokrates im Gespräch, a. a. O., S. 45/46

▷ Formulieren Sie die Lebensregel, die Sokrates gegenüber Kriton vertritt.
▷ Überlegen Sie sich, weshalb nur wenige Sokrates' Maxime befolgen.
▷ Weshalb erscheint derjenige, der Sokrates' Lebensregel befolgt, in den Augen der meisten anderen verächtlich?

Aristoteles/Epikur: Glückseligkeit als höchstes Ziel des Handelns

Aristoteles, geb. 384 v. Chr. in Stagira (Nordgriechenland), war Sohn eines Arztes und trat mit achtzehn Jahren in Platons Akademie in Athen ein. Er wurde von König Philipp von Makedonien zum Erzieher seines Sohnes Alexander berufen, kehrte aber nach dessen Thronbesteigung nach Athen zurück, wo er nach Platons Tod im Jahre 335 eine eigene Schule, die sogenannte Peripatetische Schule, gründete und bis 323 leitet. Nach dem Tode Alexanders mußte er als Freund der Makedonen Athen verlassen. Aristoteles starb 322 v. Chr. in Chalkis auf Euböa.

Epikur, geb. 341 v. Chr. auf Samos, war infolge der politischen Wirren nach dem Tod Alexanders des Großen zu einem unsteten Wanderleben unter schwierigsten materiellen Bedingungen gezwungen. In dieser Zeit sammelte er Freunde um sich, mit denen er 306 eine eigene Schule in Athen gründete. Von seinen zahlreichen Schriften sind fast nur Fragmente überliefert. Dem politischen Leben blieb Epikur fern. Ein langes Leiden, an dem er schließlich im Jahre 270 starb, ertrug er mit jener unerschütterlichen Ruhe, durch die sich nach seiner Lehre der Weise vor dem einfachen Volk auszeichnet.

Einführung

Aristoteles (384–322 v. Chr.) ist der bedeutendste Schüler Platons (427–347 v. Chr.) und gilt als einer der universalsten Gelehrten des Altertums. Er hat die Philosophie seines Lehrers aufgrund seines naturphilosophischen Interesses verändert. Platon geht davon aus, daß artgleiche Dinge Abbilder einer einzigen, unveränderlichen Gestalt sind, die im reinen Denken erkannt wird und unabhängig von den veränderlichen Dingen existiert. Gleiche oder ähnliche materielle Dinge sind also einander gleich oder ähnlich, weil sie an derselben Gestalt oder Idee teilhaben. Sie verdanken dieser Idee ihre Existenz. Nach Aristoteles verhält es sich umgekehrt: Die Idee oder Gestalt ist nicht Anfang und Ursprung, sondern Ende und Ziel eines Dinges. Das materielle Ding entwickelt sich zu einer Gestalt, die es gewissermaßen als Samen in sich trägt. Die Gestalt ist der Endzustand des Dinges und das Ziel seiner Entwicklung. Die Gestalt jedes sich entwickelnden Dinges ist also mit dem Ziel seiner Entwicklung identisch. Die Auszeichnung des Zieles als entscheidende Ursache für die Entwicklung eines Dinges nennt man Teleologie. Wie eine Handlung um ihres Zieles oder Zweckes willen geschieht, so sollen auch natürliche Entwicklungen um ihres Zieles willen erfolgen. Aufgrund seines teleologischen Ansatzes eröffnet Aristoteles seine Ethik mit der Frage nach dem höchsten Zweck oder letzten Ziel unseres Tuns und Strebens.

Die Antwort auf diese und viele andere ethische Fragen findet er in der Überlieferung. Es sind vor allem vier überlieferte Ansätze, aus denen er Anregungen schöpft: (1) zunächst eine Ethik, die Lust und Schmerz zu ihrer Grundlage macht; (2) ferner eine Ethik des Willens zur Macht, die die Vorherrschaft der Starken betont; (3) sodann eine Ethik der reinen Erkenntnis, die in der Betrachtung der Natur den Sinn des Daseins sieht und (4) schließlich eine Ethik der Tugend, wonach nicht Reichtum und Ansehen, sondern das Bewußtsein der Tugend von Wert ist.

Die *Glückseligkeit* ist nach Aristoteles das höchste Ziel einer Hierarchie von Zielen, weil mit ihr die Frage nach dem Ziel oder Zweck unseres Strebens zur Ruhe kommt. Man kann nicht sinnvoll fragen, wozu der Mensch glücklich sein soll; denn das Glück versteht sich als Ziel von selbst. Es ist auch klar, daß dem nichts mehr fehlt, der glücklich ist, sonst wäre er es eben nicht. Der Glückliche ist sich selbst genug. Man erreicht das Ziel der Glückseligkeit durch das Mittel der Tugend. Platon folgend, teilt Aristoteles die Seele in einen rationalen und einen irrationalen Bereich ein, diesen wiederum in einen vegetativen und einen triebhaften Teil. Dem triebhaften oder begehrlichen Seelenteil entsprechen die moralischen Tugenden, dem vernünftigen die intellektuellen. Jede moralische Tugend ist die Mitte zwischen zwei Extremen, deren jedes ein Laster darstellt. So liegt z. B. die Tapferkeit mitten zwischen Feigheit und Verwegenheit. Die vollkommene Glückseligkeit erlangt der Mensch durch Ausübung der intellektuellen Tugenden, weil sie spezifisch menschliche Möglichkeiten sind. Das Denken und Erkennen ist die beste aller menschlichen Tätigkeiten, und in der besten Tätigkeit liegt das glücklichste Leben. Darum ist das kontemplative Leben des Philosophen dem praktischen des Politikers vorzuziehen. Allerdings tut sich mit dieser Bewertung ein Zwiespalt auf, der auch schon bei Platon sichtbar wird: die Überordnung des selbstgenügsamen und abgesonderten Lebens des Weisen über das öffentliche und tätige Leben des Staatsmannes paßt nicht zur Unterordnung der Ethik unter die Politik.

Aus moderner Sicht befremdet an der aristotelischen Ethik die Verletzung des Gleichheitsgrundsatzes, aber auch der Vorzug, der den intellektuellen Tugenden vor den moralischen gegeben wird. Aristoteles entwickelt aus der oben erwähnten Ethik des Willens zur Macht eine proportionale Theorie der Gerechtigkeit, die dem Herrn viele Rechte und dem Sklaven keine gibt. Dagegen schließt für das christliche Denken Gerechtigkeit Gleichheit ein. Auch muß nach christlichem Verständnis eine tugendhafte Lebensführung dem Sklaven ebenso möglich sein wie dem Herrn.

Daher schließt das Christentum intellektuelle Tugenden von der Ethik aus, so daß der Begriff Ethik einen viel engeren Sinn als bei Aristoteles bekommt. Man kann Aristoteles' ethischen Ansatz auf folgende Weise zusammenfassen: Das glückliche Leben ist der Sinn all unseres Strebens. Äußere Umstände sind zwar nicht gleichgültig für das Glück, aber im wesentlichen kann man es durch eigene Tätigkeit erreichen. Da die beste Tätigkeit die Beschäftigung des Geistes ist, liegt in ihr das höchste Glück.

Aristoteles: **Das Ziel der Glückseligkeit**

1. Jede Kunst und jede Lehre, ebenso jede Handlung und jeder Entschluß scheint irgendein Gut zu erstreben. Darum hat man mit Recht das Gute als dasjenige bezeichnet, wonach alles strebt. Es zeigt sich aber ein Unterschied in den Zielen: denn die einen sind Tätigkeiten, die andern sind bestimmte Werke außer ihnen. Wo es Ziele außerhalb der Handlungen gibt, da sind ihrer Natur nach die Werke besser als die Tätigkeiten.
Da es nun viele Handlungen, Künste und Wissenschaften gibt, ergeben sich auch viele Ziele: Ziel der Medizin ist die Gesundheit, der Schiffsbaukunst das Schiff, der Strategik der Sieg, der Ökonomik der Reichtum. Wo nun immer solche Künste einer einzigen Aufgabe untergeordnet sind, wie etwa der Reitkunst die Sattlerei und die andern der Reitkunst dienenden Künste, und wie die Reitkunst wiederum und die gesamte Kriegskunst der Strategik untergeordnet ist und so andere unter anderen, in allen diesen Fällen sind die Ziele der leitenden Künste insgesamt vorzüglicher als die der untergeordneten. Denn diese werden um jener willen verfolgt.
Dabei macht es keinen Unterschied, ob die Tätigkeiten selber das Ziel des Handelns sind oder etwas anderes außer ihnen, wie bei den genannten Künsten. Wenn es aber ein Ziel des Handelns gibt, das wir um seiner selbst willen wollen und das andere um seinetwillen; wenn wir also nicht alles um eines andern willen erstreben (denn so ginge es ins Unbegrenzte, und das Streben wäre leer und sinnlos), dann ist es klar, daß jenes das Gute und das Beste ist.
Wird nun das Erkennen jenes Zieles nicht auch für das Leben ein großes Gewicht haben, und werden wir nicht wie Bogenschützen, wenn wir unser Ziel vor Augen haben, das Gehörige besser treffen können? Wenn dies der Fall ist, müssen wir versuchen, wenigstens im Umriß zu erfassen, was es wohl sein mag und welcher Wissenschaft oder Fähigkeit es zugeordnet ist.
Man wird wohl an die wichtigste und leitendste Wissenschaft denken wollen. Dies scheint die politische Wissenschaft zu sein. Denn sie bestimmt, welche Wissenschaften in den Staaten vorhanden sein müssen, welche ein jeder lernen muß und bis zu welchem Grade man sie lernen muß. Wir sehen auch, daß die angesehensten Fähigkeiten ihr untergeordnet sind: Strategik, Ökonomik, Rhetorik und andere. Da sie sich also der übrigen praktischen Wissenschaften bedient und außerdem Gesetze darüber erläßt, was man zu tun und zu lassen habe, so dürfte wohl ihr Ziel die Ziele aller anderen mit umfassen; dann wäre also dieses das Gute für den Menschen. Mag nämlich auch das Gute dasselbe sein für den Einzelnen und den Staat, so scheint es doch größer und vollkommener zu sein, das Gute

für den Staat zu greifen und zu bewahren; erfreulich ist es zwar schon bei einem einzigen Menschen, schöner und göttlicher aber für Völker und Staaten. Darauf zielt also unsere Untersuchung, die ein Teil der politischen Wissenschaft ist. Wir werden uns aber mit demjenigen Grade von Bestimmtheit begnügen müssen, der dem gegebenen Stoffe entspricht. Denn man darf nicht bei allen Fragen die gleiche Präzision verlangen, wie man es ja auch nicht im Handwerklichen tut. [...]

Wir wollen abermals auf das gesuchte Gute zurückkommen und fragen, was es wohl sei. Offenbar ist es in jeder Handlung und Kunst ein anderes. Denn ein anderes ist es in der Medizin und in der Strategik und so fort. Welches ist nun das Gute in jedem einzelnen Falle? Wohl das, um dessentwillen alles übrige geschieht. Dies ist in der Medizin die Gesundheit, in der Strategik der Sieg, in der Baukunst das Haus, anderswo wieder anderes. Bei jedem Handeln und Entschlusse ist es das Ziel. Denn dieses ist es, wegen dessen man stets das übrige tut. Wenn es also ein Ziel allen Handelns überhaupt gibt, so wäre dies das zu verwirklichende Gute, und wenn es mehrere solche Ziele gibt, dann sind es diese. So ist die Untersuchung auf einem anderen Wege zu demselben Punkte gelangt.

Wir wollen versuchen, dies noch etwas besser zu verdeutlichen. Da sich viele Ziele zeigen, wir aber von diesen manche um anderer Dinge willen wählen, wie den Reichtum, Flöten und überhaupt alle Instrumente, so ist es offenbar, daß nicht alle Endziele sind. Das vollkommen Gute scheint aber ein Endziel zu sein. Wenn es also nur ein einziges Endziel gibt, so wäre dies das Gesuchte, wenn aber mehrere, dann das vollkommenste unter diesen.

Vollkommener nennen wir das um seiner selbst willen Erstrebte gegenüber dem um anderer Ziele willen Erstrebten, und das niemals um eines anderen willen Gesuchte gegenüber dem, was sowohl wegen sich selbst als auch wegen eines andern gesucht wird; allgemein ist das vollkommene Ziel dasjenige, was stets nur an sich und niemals um eines anderen willen gesucht wird.

Derart dürfte in erster Linie die Glückseligkeit sein. Denn diese suchen wir stets wegen ihrer selbst und niemals wegen eines anderen; Ehre dagegen und Lust und Vernunft und jede Tüchtigkeit suchen wir teils wegen ihnen selber (denn auch wenn wir keinen weiteren Gewinn von ihnen hätten, würden wir jedes einzelne von ihnen wohl erstreben), teils aber auch um der Glückseligkeit willen, da wir glauben, eben durch jene Dinge glückselig zu werden. Die Glückseligkeit aber wählt keiner um jener Dinge willen und überhaupt nicht wegen eines anderen. Dasselbe scheint sich aus dem Prinzip der Selbstgenügsamkeit zu ergeben. Denn das vollkommen Gute scheint selbstgenügsam zu sein. Wir verstehen diese Selbstgenügsamkeit nicht einfach für den Einzelnen, der für sich allein lebt, sondern auch für seine Eltern, Kinder, Frau und überhaupt seine Freunde und Mitbürger, da ja der Mensch seiner Natur nach in der Gemeinschaft lebt. Doch muß hier eine Grenze gezogen werden. Denn wenn man weitergehen wollte bis zu den Vorfahren und Nachkommen und zu den Freunden der Freunde, so geriete man ins Unbegrenzte. Aber dies wollen wir später untersuchen.

Als selbstgenügsam gilt uns dasjenige, was für sich allein das Leben begehrenswert macht und vollständig bedürfnislos. Für etwas Derartiges halten wir die Glückseligkeit, und zwar so, daß sie das Wünschenswerteste ist, ohne daß irgend etwas anderes addiert werden könnte. Wenn nämlich eine Addition möglich wäre, so würde sie offenbar noch wünschbarer, wenn auch noch das kleinste Gut dazukäme. Denn das Dazutreten würde dann einen Zuschuß an Gutem bedeuten, und es ist immer das größere Gut das wünschbarere. So scheint also die Glückseligkeit das vollkommene und selbstgenügsame Gut zu sein und das Endziel des Handelns.

6. Aber damit, daß die Glückseligkeit das höchste Gut sei, ist vielleicht nicht mehr gesagt, als was jedermann zugibt. Wir möchten aber noch genauer erfahren, was sie ist. Dies sollte wohl geschehen können, wenn wir von der eigentümlichen Leistung des Menschen ausgehen. Wie nämlich für einen Flötenspieler, einen Bildhauer und überhaupt für jeden Künstler und für jeden, der eine Leistung und ein Handeln hat, in der Leistung das Gute und das Rechte liegt, so wird es wohl auch vom Menschen gelten, wenn anders auch ihm eine besondere Leistung zukommt. Oder sollte es eigentümliche Leistungen und Handlungen des Schreiners oder Schusters geben, nicht aber des Menschen, als ob er zur Untätigkeit geschaffen wäre? Sollte nicht eher so, wie das Auge, die Hand, der Fuß und überhaupt jedes einzelne Körperglied seine besondere Leistung hat, auch der Mensch neben all dem seine besondere Leistung besitzen? Welche mag sie nun wohl sein? Das Leben offenbar nicht, denn dies besitzen auch die Pflanzen, wir suchen aber das dem Menschen Eigentümliche. Das Leben der Ernährung und des Wachstums ist also auszuscheiden. Es würde darauf das Leben der Wahrnehmung folgen, aber auch dieses ist uns gemeinsam mit dem Pferde und Rinde und allen Tieren überhaupt. Es bleibt also das Leben in der Betätigung des vernunftbegabten Teiles übrig. Dieser findet sich vor teils als ein der Vernunft gehorchender, teils als ein die Vernunft besitzender und ausübender. Da auch dies wiederum in doppeltem Sinne zu verstehen ist, so muß man da an das wirklich tätige Leben denken; denn dieses dürfte doch als das eigentlichere gelten.

Wenn nun die eigentümliche Leistung des Menschen in einer Tätigkeit der Seele besteht, die sich nach der Vernunft oder doch nicht ohne die Vernunft vollzieht, und wenn wir die Leistung eines beliebig Tätigen und eines hervorragend Tätigen derselben Gattung zurechnen (so wie das Spiel des Kitharisten und dasjenigen des guten Kitharisten, und so in allen Fällen), so daß wir zur Leistung überhaupt noch das Merkmal hervorragender Tüchtigkeit in ihr beifügen (denn die Leistung des Kitharisten ist das Kitharaspielen, die des hervorragenden Kitharisten aber das gut Spielen) – wenn also das so ist und wir als die eigentümliche Leistung des Menschen ein bestimmtes Leben annehmen und als solches die Tätigkeit der Seele und die vernunftgemäßen Handlungen bestimmen und als die Tätigkeit des hervorragenden Menschen eben diese Tätigkeit in einem hervorragenden Maße, und wenn endlich dasjenige hervorragend wird, was im Sinne der ihm eigentümlichen Leistungsfähigkeit vollendet wird –, wenn das alles so ist, dann ist das Gute für den Menschen die Tätigkeit der Seele auf Grund ihrer besondern Befähigung, und wenn es mehrere solche Befähigungen gibt, nach der besten und vollkommensten; und dies außerdem noch ein volles Leben hindurch. Denn eine Schwalbe macht noch keinen Frühling, und auch nicht ein einziger Tag; so macht auch ein einziger Tag oder eine kurze Zeit niemanden glücklich und selig. [...]

Von der Betrachtung läßt sich behaupten, daß sie ihrer selbst wegen geliebt wird. Sie bietet uns außer dem Betrachten nichts; vom praktischen Handeln dagegen haben wir noch einen größeren oder kleineren Gewinn außer der Handlung.

Die Glückseligkeit scheint weiterhin in der Muße zu bestehen. Wir opfern unsere

Muße, um Muße zu haben, und wir führen Krieg, um in Frieden zu leben. Die praktischen Tugenden äußern ihre Tätigkeit in der Politik oder im Kriege. Die Aktionen auf diesen Gebieten aber dürften sich mit der Muße kaum vertragen, die kriegerische Tätigkeit schon gar nicht. Niemand will Krieg und Kriegsrüstungen des Krieges wegen. Denn man müßte als ein ganz blutdürstiger Mensch erscheinen, wenn man sich seine Freunde zu Feinden machte, nur damit es Kampf und Blutvergießen gäbe. Aber auch die Politik verträgt sich nicht mit der Muße und verfolgt neben den öffentlichen Angelegenheiten als solchen den Besitz von Macht und Ehren oder die Glückseligkeit für die eigene Person und die Mitbürger als ein Ziel, das von der Politik verschieden ist und das wir auch als ein von der Politik verschiedenes zu erreichen suchen. Wenn also nun zwar unter den tugendhaften Handlungen diejenigen, die sich um Staat und Krieg drehen, an Schönheit und Größe obenanstehen und sie trotzdem mit der Muße unvereinbar und auf ein außer ihnen liegendes Ziel gerichtet sind, also nicht ihrer selbst wegen begehrt werden, und wenn dagegen die betrachtende Tätigkeit des Geistes an Ernst hervorzuragen scheint, und keinen andern Zweck hat als sich selbst, auch eine eigentümliche Lust in sich schließt, die die Tätigkeit steigert, so sieht man klar, daß in dieser Tätigkeit, soweit es menschenmöglich ist, die Autarkie, die Muße, die Freiheit von Ermüdung und alles, was man sonst noch dem Glückseligen beilegt, sich finden wird. Somit wäre dies die vollendete Glückseligkeit des Menschen, wenn sie auch noch die volle Länge eines Lebens dauert. Denn nichts, was zur Glückseligkeit gehört, darf unvollkommen sein.

Aus: Aristoteles, Die Nikomachische Ethik. Übersetzt und hrsg. von O. Gigon. Deutscher Taschenbuch Verlag, München 1972, S. 55–56, 63–67, 296–297

▷ Formulieren Sie die Kernfrage zum ersten Textauszug.
▷ Was versteht Aristoteles unter dem Guten einer Handlung oder einer Kunst?
▷ Erläutern Sie die beiden Begründungen, die Aristoteles für die Glückseligkeit als höchstes Ziel unseres Strebens gibt.
▷ Womit begründet Aristoteles, daß die Glückseligkeit des Menschen in der vernunftgemäßen Tätigkeit der Seele liegt?
▷ Warum kann in einer politischen Tätigkeit nicht die vollkommene Glückseligkeit des Menschen bestehen?
▷ Im ersten Textauszug ordnet Aristoteles die Ethik der Politik unter; im letzten stellt er aber das betrachtende Leben über das politische. Diskutieren Sie, ob beides zusammenpaßt.

Alexanderschlacht bei Issos, 333 v. Chr.

Freude ist nach **Epikur** (341–270 v. Chr.) das erstrebenswerteste Ziel unseres Lebens. Sie setzt Gesundheit und Seelenruhe voraus und besteht vornehmlich in der Beschäftigung unseres Geistes und erst zweitrangig in körperlichen Genüssen. Das größte Hindernis für ein Leben in Freude ist die Furcht. Furcht haben die Menschen insbesondere vor den Göttern und dem Tod. Es ist daher die Aufgabe der Philosophie, ihnen diese Furcht zu nehmen. Die Götter gibt es zwar, aber sie nehmen keinerlei Einfluß auf das menschliche Leben. Was den Tod anbelangt, so hört mit dem Leben auch jede Empfindung auf. Deshalb gibt es kein Leiden in einem Jenseits, das wir zu fürchten hätten. Um ein frohes Leben führen zu können, genügt es allerdings nicht, sich von der Furcht vor den Göttern und dem Tode zu befreien. Man muß sich vielmehr auch von den großen Weltgeschäften fernhalten und soll im Verborgenen leben, weil sich nur im Verzicht auf Macht und Ansehen die Ruhe der Seele einstellen kann. Dagegen ist der Umgang mit Freunden für ein glückliches Leben unerläßlich, da Freundschaft eine Quelle des Glücks ist. Natürlich gibt es noch weitere Quellen des Glücks wie Geschmack, Augen, Ohren oder Geschlecht. Um ein glückliches Leben zu erreichen, muß man sich jedoch klarmachen, welche Funktionen die verschiedenartigen Bedürfnisse haben, ob sie notwendig oder überflüssig sind und ob sie zu unserem körperlichen oder seelischen Wohlbefinden beitragen. Auf jeden Fall ist es vorteilhaft, selbstgenügsam zu sein, weil man dann auch in ärmlicheren Lebensverhältnissen zufrieden sein kann. Epikur lehnt den Glauben an eine das Leben vorherbestimmende Notwendigkeit ebenso ab wie den an einen alles beherrschenden Zufall. Er nimmt vielmehr an, daß dem Menschen im Zusammenspiel von Zufall und Notwendigkeit genügend Spielraum zur verantwortlichen Gestaltung seines Lebens verbleibt.

Epikur: **Freude ist unser Lebensziel. Brief an Menoikeus**

Epikur wünscht seinem lieben Menoikeus Freude!
Mit dem Philosophieren soll man getrost schon in der Jugend beginnen, aber im Alter auch nicht müde davon ablassen. Denn um für seine seelische Gesundheit etwas zu tun, ist keiner zu jung oder zu alt, und wer etwa meint, für ihn sei es zum Philosophieren noch zu früh oder schon zu spät, der könnte ebensogut behaupten, der richtige Zeitpunkt für seine Glückseligkeit sei noch nicht da oder schon vorbei. Also, philosophieren muß der junge wie der alte Mensch; dieser, damit er jung bleibt im dankbaren Genuß des Guten, das die Vergangenheit ihm schenkte, und jener, damit er furchtlos in die Zukunft blicken kann und dadurch jung und alt zugleich ist. Freilich muß man sich beizeiten in dem üben, was Glückseligkeit verleiht, denn in ihr besitzen wir alles, und wem sie fehlt, der gibt sich ja doch alle Mühe, sie zu erwerben.
Darum tue Du, was ich Dir ständig anempfohlen habe, und übe Dich darin und sei gewiß, daß es die Grundbedingungen für ein wahrhaft schönes Dasein sind. Vor allem glaube daran, daß die Gottheit ein unvergängliches und seliges Wesen ist – so jedenfalls läßt sich unsere Vorstellung von ihr ganz allgemein umreißen –,

und hänge ihr nichts an, was ihrer Unvergänglichkeit zuwiderläuft oder was mit ihrer Seligkeit unvereinbar ist, vielmehr bringe zu ihr nur das in Beziehung, was ihrer mit Unvergänglichkeit gepaarten Seligkeit gemäß ist. Denn Götter gibt es, da wir sie doch offenbar zu erkennen vermögen. Nur sind sie nicht so, wie die große Menge sie sich denkt, denn wie sie sich die Götter vorstellt, so sind sie nicht, und nicht der ist gottlos, der die Gottesvorstellung der Masse beseitigt, sondern wer den Göttern die Ansichten der Masse anhängt. Was die Masse über die Götter aussagt, entspricht nämlich nicht der richtigen Gotterkenntnis, sondern falschen Vermutungen. Aus diesem Grunde sieht sie als Fügung der Götter an, was den Bösen an Üblem widerfährt oder was die Guten fördert. Sie empfindet eben als fremd, was nicht wie sie selbst geartet ist, und läßt sich darum nur Götter gefallen, die ihresgleichen sind.

Ferner gewöhne Dich an den Gedanken, daß der Tod für uns ein Nichts ist. Beruht doch alles Gute und alles Üble nur auf Empfindung, der Tod aber ist Aufhebung der Empfindung. Darum macht die Erkenntnis, daß der Tod ein Nichts ist, uns das vergängliche Leben erst köstlich. Dieses Wissen hebt natürlich die zeitliche Grenze unseres Daseins nicht auf, aber es nimmt uns das Verlangen, unsterblich zu sein, denn wer eingesehen hat, daß am Nichtleben gar nichts Schreckliches ist, den kann auch am Leben nichts schrecken. Sagt aber einer, er fürchte den Tod ja nicht deshalb, weil er Leid bringt, wenn er da ist, sondern weil sein Bevorstehen schon schmerzlich sei, der ist ein Tor; denn es ist doch Unsinn, daß etwas, dessen Vorhandensein uns nicht beunruhigen kann, uns dennoch Leid bereiten soll, weil und solange es nur erwartet wird!

So ist also der Tod, das schrecklichste der Übel, für uns ein Nichts: Solange wir da sind, ist er nicht da, und wenn er da ist, sind wir nicht mehr. Folglich betrifft er weder die Lebenden noch die Gestorbenen, denn wo jene sind, ist er nicht, und diese sind ja überhaupt nicht mehr da.

Freilich, die große Masse meidet den Tod als das größte der Übel, sehnt ihn aber andererseits herbei als ein Ausruhen von den Mühsalen des Lebens. Der Weise dagegen lehnt weder das Leben ab, noch fürchtet er sich vor dem Nichtmehrleben, denn ihn widert das Leben nicht an, und er betrachtet das Nichtmehrleben nicht als ein Übel. Und wie er beim Essen nicht unbedingt möglichst viel haben will, sondern mehr Wert auf die gute Zubereitung legt, so ist er auch beim Leben nicht auf dessen Dauer bedacht, sondern auf die Köstlichkeit der Ernte, die es ihm einträgt.

Wer nun aber verkündet, der junge Mensch müsse ein schönes Leben haben, der alte aber brauche einen schönen Tod, der ist albern, und zwar nicht nur, weil das Leben stets erwünscht ist, sondern auch darum, weil die Übung eines schönen Lebens gleichbedeutend ist mit der Vorübung für ein schönes Sterben. Noch viel minderer aber ist, wer da sagt:

> „Schön ist's, gar nicht geboren zu sein …
> Ist man geboren, aufs schnellste des Hades Tor
> zu durchschreiten."

Ist dies nämlich seine wirkliche Überzeugung, warum gibt er dann das Leben nicht auf? Das steht ihm ja frei, wenn er es sich fest vornimmt. Redet er aber nur aus Spott so daher, dann gilt er bei denen, die solches Gerede nicht mögen, erst recht als Narr.

Wir dürfen eben nie vergessen, daß die Zukunft zwar gewiß nicht in unsere Hand gegeben ist, daß sie aber ebenso gewiß doch auch nicht ganz außerhalb unserer Macht steht; so werden wir uns weder darauf verlassen, daß eintritt, was wir erwarten, noch werden wir verzweifeln, als könne es überhaupt nicht eintreten.

Man muß sich aber auch darüber klar werden, daß von unseren Begierden die einen naturbedingt, die anderen nichtig sind, und daß von den naturbedingten ein Teil notwendig, der andere eben nur natürlich ist, und schließlich, daß von den notwendigen einige zur Erlangung der Glückseligkeit erforderlich sind, andere, um unsere Gesundheit vor Störungen zu bewahren, und wieder andere, um überhaupt leben zu können. Bei unbeirrbarer Betrachtung der Begierden lernt man nämlich, jedes Streben und jedes Meiden für die Gesundheit des Leibes und zur Wahrung der Seelenruhe zu nutzen, da diese beiden zusammen das glückselige Leben ausmachen. All unser Tun richten wir ja doch nur darauf, keinen Schmerz erdulden und keine Angst empfinden zu müssen. Haben wir aber diesen Zustand erst einmal erreicht, dann schwindet aller Aufruhr aus unserer Seele, da das Lebewesen sich nun nicht mehr gleichsam darauf einstellen muß, was ihm etwa noch fehle, und nichts mehr zu suchen braucht, womit es sein körperliches und seelisches Wohlbehagen erst vollkommen zu machen hätte. Denn nach Freude verlangt es uns nur, wenn wir sie schmerzlich vermissen; empfinden wir aber diesen Schmerz nicht, dann entbehren wir auch die Freude nicht mehr.

Darum behaupte ich, daß die Freude das A und O des glückselig gestalteten Lebens ist. Sie kennen wir als unser erstes angeborenes Gut, von ihr lassen wir uns bei unserem Streben und Meiden leiten und nach ihr richten wir uns, alles andere Gut mit ihrem Maßstab messend. Und gerade, weil sie unser allererstes, naturgegebenes Gut ist, darum streben wir auch nicht nach jeder Freude, sondern übergehen bisweilen viele, wenn uns von ihnen nur ein desto größeres Unbehagen droht. Ja, viele Schmerzen bewerten wir mitunter sogar höher als Freuden, nämlich dann, wenn auf eine längere Schmerzenszeit eine um so größere Freude folgt. So bedeutet für uns also jede Freude, weil sie an sich etwas Annehmliches ist, zwar gewiß ein Gut, aber nicht jede ist erstrebenswert, wie umgekehrt jeder Schmerz wohl ein Übel ist, aber darum noch nicht unbedingt vermieden werden muß. Unsere Aufgabe ist es, durch Abwägen und Unterscheiden des Zuträglichen und Abträglichen immer alles richtig zu bewerten, denn manchmal bedienen wir uns des Guten gleich wie eines Übels und umgekehrt.

Auch die Selbstgenügsamkeit halten wir für ein großes Gut, doch nicht, damit wir uns unter allen Umständen am wenigen genügen lassen, sondern damit wir mit wenigem zufrieden sind, wenn wir nicht viel haben. Dabei leitet uns die Überzeugung, daß der einen reichen Aufwand am stärksten genießt, der seiner am wenigsten bedarf, daß alles Natürliche leicht zu beschaffen ist, das Sinnlose aber schwer, und daß schließlich die schlichten Genüsse ebensoviel Freude bereiten wie der größte Luxus, wenn nur das Schmerzgefühl des Entbehrens nicht aufkommt. Womit also gemeint ist, daß schon Brot und Wasser, wenn man sie zuvor entbehrte, einen Hochgenuß bereiten können. Außerdem fördert die Gewöhnung an eine einfache, nicht üppige Lebensweise die Gesundheit, befähigt den Menschen, unverdrossen zu leisten, was das Leben von ihm fordert, läßt uns die reicheren Genüsse, die uns dann und wann einmal geboten werden, um so stärker empfinden und unterstützt unsere Furchtlosigkeit gegenüber dem Zufall.

Wenn wir nun also sagen, daß Freude unser Lebensziel ist, so meinen wir nicht die Freuden der Prasser, denen es ums Genießen schlechthin zu tun ist. Das meinen die Unwissenden oder Leute, die unsere Lehre nicht verstehen oder sie böswillig mißverstehen. Für uns bedeutet Freude: keine Schmerzen haben im körperlichen Bereich und im seelischen Bereich keine Unruhe verspüren. Denn nicht eine endlose Reihe von Trinkgelagen und Festschmäusen, nicht das Genießen schöner Knaben und Frauen, auch nicht der Genuß von leckeren Fischen und was ein reichbesetzter Tisch sonst zu bieten vermag, schafft ein freudevolles Leben, vielmehr allein das klare Denken, das allem Verlangen und allem Meiden auf den Grund geht und den Wahn vertreibt, der wie ein Wirbelsturm die Seelen erschüttert.

An allem Anfang aber steht die Vernunft, unser größtes Gut. Aus ihr ergeben sich alle übrigen Tugenden von selbst, ja sie ist sogar wertvoller als das Philosophieren, weil sie uns lehrt, daß in Freude zu leben unmöglich ist, ohne daß man ein vernünftiges, sittlich hochstehendes und gerechtes Leben führt, daß es umgekehrt aber auch unmöglich ist, ein vernünftiges, sittlich hochstehendes und gerechtes Leben zu führen, ohne in Freude zu leben. Denn die Tugenden sind mit dem freudevollen Leben eng verwachsen, und dieses ist von jenen nicht zu trennen.

Wen glaubst Du noch höher stellen zu können als den, der von den Göttern fromm denkt, dem Tode allzeit furchtlos entgegensieht und das Ziel der Natur klar erkannt hat –

der erfaßt hat, daß das höchste Gut leicht zu erfüllen und leicht zu erwerben ist, wogegen das größte Übel entweder nur kurze Zeit währt oder nur kurzes Leid mit sich bringt –

der die von manchen als allgewaltige Herrscherin betrachtete Notwendigkeit verlacht – wäre es doch immer noch besser, dem alten Götterglauben zu huldigen, als sich der „Vorherbestimmung" der Naturphilosophen zu unterwerfen; jener bietet doch wenigstens noch die Aussicht, daß die Götter uns erhören, wenn wir sie verehren, während diese die unerbittliche Notwendigkeit schlechthin ist –

der im Zufall nicht, wie die breite Masse es tut, eine Gottheit sieht – eine Gottheit läßt nämlich nichts wahllos geschehen –, ihn aber auch nicht für einen ganz unsicheren Ausgangspunkt hält – denn er glaubt zwar nicht, daß den Menschen ein Gut oder Übel zum glückseligen Leben allein vom Zufall beschert wird, wohl aber, daß die Ansätze, aus denen große Güter und große Übel entstehen können, zufällg sein können –

und dem es schließlich lieber ist, bei richtiger Überlegung vom Zufall betrogen als bei falscher von ihm begünstigt zu werden – denn es ist besser, daß bei unserem Handeln der richtige Entschluß infolge eines Zufalls zu einem Mißerfolg führt, als wenn wir uns falsch entschieden und trotzdem durch den Zufall ein Erfolg herbeigeführt wird.

Dies also, und was mit ihm verwandt, übe Tag und Nacht, allein und mit einem Gesinnungsgenossen, und Du wirst niemals, weder wachend noch schlafend, in Unruhe geraten, sondern wirst leben wie ein Gott unter Menschen. Denn keineswegs gleicht einem vergänglichen Lebewesen ein Mensch, der in unvergänglichem Besitztum lebt.

Aus: Epikur, Philosophie der Freude. Übersetzt von J. Mewaldt, Alfred Kröner Verlag, Stuttgart 1973

- ▷ Was ist nach Epikur die Aufgabe des Philosophierens?
- ▷ Weshalb ist ein von menschlichen Einbildungen gereinigter Gottesbegriff die Voraussetzung für ein frohes Leben?
- ▷ Nennen Sie das entscheidende Argument, das Epikur gegen die Todesfurcht vorbringt.
- ▷ Der Weise ist nicht auf die Dauer des Lebens bedacht. Worauf kommt es ihm stattdessen an?
- ▷ Warum ist die Unterscheidung verschiedenartiger Begierden und die Kenntnis ihrer Funktionen bedeutsam?
- ▷ Welche Argumente führt Epikur zugunsten der Selbstgenügsamkeit an?
- ▷ Das glückliche Leben beruht auf Freude. Worin besteht sie und was setzt sie voraus?
- ▷ Epikur erkennt weder eine totale Notwendigkeit noch einen totalen Zufall über unser Leben an. Wodurch kann und soll es vor allem bestimmt werden?

Stoa: Kosmologische Begründung sittlicher Praxis als der Tugend des Individuums

Einführung

Die stoische Philosophie ist gleichzeitig mit der epikureischen entstanden, hat aber eine längere Geschichte, die von der ersten Hälfte des 3. Jahrhunderts v. Chr. bis zur zweiten Hälfte des 2. Jahrhunderts n. Chr. reicht. In diesem Zeitraum hat sich die stoische Naturphilosophie stark verändert, während die stoische Ethik ziemlich gleich blieb. Schon Plutarch hatte gesehen, daß der für diese Ethik kennzeichnende Gedanke des Weltbürgertums die passende philosophische Theorie zur historischen Erfahrung unter Alexander dem Großen ist. Im Römerreich, das viele ehemals als Barbaren angesehene Völker umfaßte, deren Angehörige später das römische Bürgerrecht erwarben, lebte dieser kosmopolitische Gedanke wieder auf. *Marc Aurel* (121–180 n. Chr.), der Stoiker auf dem römischen Kaiserthron, formulierte ihn so: „Als Antoninus (d. i. ein Beiname von Marc Aurel) habe ich Rom zum Staat und Vaterland, als Mensch den Kosmos." Die beiden grundlegenden Pflichten der Gerechtigkeit und Menschenliebe sollten sich auf alle Menschen erstrecken, auf die Sklaven ebenso wie die Barbaren.
Die Idee einer sittlichen Lebensgemeinschaft aller Menschen leiten die Stoiker aus der Wesensgleichheit der menschlichen Seele oder Vernunft mit dem göttlichen Weltgesetz her. Auf diese Lehre des *Kleanthes* (331–232 v. Chr.) bezieht sich zustimmend der Apostel Paulus in seiner Areopagrede (Apostelgeschichte 17, 22–34). Allerdings weichen die Stoiker darin vom Judentum und Christentum ab, daß bei ihnen Gott und Welt zusammenfallen. Gott ist die Seele oder die Vernunft oder die Gesetzlichkeit der Welt, und jeder von uns trägt einen Teil des göttlichen Urfeuers in sich. Die Stoiker vertreten also eine pantheistische Lehre: alle Lebewesen und Dinge sind Teile eines göttlichen Ganzen, das Natur genannt wird.

Das individuelle Leben ist gut, wenn es mit der Natur übereinstimmt. Ein naturgemäßes Leben besteht darin, daß sich der Wille nach dem göttlichen Weltgesetz in der Natur richtet. Das göttliche Weltgesetz wird aber durch die Vernunft erkannt, die ihm entspricht. Insofern ist ein naturgemäßes Leben für den Stoiker gleichbedeutend mit einem vernunftgemäßen Leben. Die Tugend besteht in einem vernunftgemäßen Leben, und nur, wenn der Mensch der Vernunft in seinem Inneren gehorcht, kann er glücklich werden. Die Tugend ist das einzige Gut. Leben, Gesundheit, Ehre und Besitz sind dagegen keine Güter, und Tod, Krankheit, Unehre und Armut sind keine Übel. Es sind – wie radikale Stoiker sagen – gleichgültige Dinge.
Alles Gute oder Schlechte im Leben eines Menschen hängt demnach ganz von ihm selbst ab. Der Mensch ist Herr seines Schicksals, wenn er erkannt hat, was gut, was schlecht und was gleichgültig ist. An dieser Erkenntnis hindern ihn allerdings oft Leidenschaften wie Lust, Begierde oder Furcht. Sie spiegeln ihm Schlechtes oder Gleichgültiges als wertvoll oder wünschenswert vor. Die Leidenschaften werden durch störende Einwirkungen der Außenwelt im Menschen hervorgerufen. Da der Mensch aber nur geringe Macht über die Außenwelt hat, muß er die Leidenschaft in sich überwinden, um unabhängig vom Weltlauf zu werden. Wer sich von seinen Leidenschaften befreit hat, dem kann das Schicksal nichts mehr anhaben; denn die Tugend hängt allein von seinem Willen ab und ist keiner äußeren Macht unterworfen. Daher prägen Leidenschaftslosigkeit und Unerschütterlichkeit das Bild des stoischen Weisen. Sein Vorbild ist Sokrates, der seinem Tod mit unerschütterlicher Ruhe entgegensah und seinen Richtern mit der Überzeugung entgegentrat, daß sie keine Macht über seine sittliche Würde hätten.
Die spätere Stoa in ihrer römischen Ausprägung durch ***Seneca*** (4 v. Chr.–65 n. Chr.), ***Epiktet*** (50–130 n. Chr.) und Marc Aurel nimmt allerdings zwei Veränderungen am Ideal des Weisen vor: Einigen äußeren Dingen schreibt der Weise nun doch einen gewissen Wert zu, z. B. der Freundschaft, der Familie und dem Staat, aber auch der Gesundheit und der Ehre. Mit dieser veränderten Einschätzung der äußeren Güter hängt die zweite Veränderung im Bild des Weisen zusammen: Der Weise fühlt sich verpflichtet, die allgemeine Wohlfahrt zu fördern. Er sucht, wie Marc Aurel sagt, seine Freude und Ruhe darin, „einer gemeinnützigen Tat die andere folgen zu lassen". Im Gegensatz zum Epikureer verbietet sich deshalb für den Stoiker der Rückzug auf die private Sphäre. In der Erfüllung der dem Menschen in seinem Lebensumkreis obliegenden Pflichten, nicht im Genuß eines sorgenfreien Lebens, sieht er das Ziel seines Daseins. Glück und Freude werden sich als Folge unseres pflichtmäßigen Handelns einstellen, aber sie dürfen nicht sein Zweck sein. Für den Stoiker ist ebenso wie später für Kant der gute Wille ein Selbstzweck, nicht ein Mittel, glücklich zu werden oder Gutes zu tun.
Die asketische Moral der Stoa hat im Christentum weitergewirkt. Wie die Stoiker, so empfiehlt auch der Apostel Paulus das Haben als hätte man nichts (1. Kor. 7, 29–32). Der Evangelist Johannes läßt Jesus sagen: „In der Welt habt ihr Drangsal; aber seid getrost, ich habe die Welt überwunden" (Joh. 16, 33). Diese innere Überwindung der Welt strebt auch der stoische

Weise an. Im Ideal des Weisen wird die Würde der freien Persönlichkeit betont. Dieses Ideal hat zusammen mit dem Gedanken einer alle Völker- und Standesgrenzen überschreitenden Menschenliebe dem neuzeitlichen Naturrecht den Boden bereitet. Die stoische Einstellung gegenüber unvermeidlichen Schicksalsschlägen hat bedeutende Philosophen der Neuzeit (Descartes, Spinoza, Hume, Locke, Kant u. a.) beeinflußt, und sie ist auch heute noch lebendig; denn ein gemäßigter Stoizismus, wie ihn Descartes in seiner „Abhandlung über die Methode“ vertritt, kann auch heute noch helfen, unabwendbare Übel zu ertragen. Die Devise eines solchen Stoizismus lautet: Wünsche nicht, was nicht in deiner Macht steht! Ändere eher deine Wünsche als die Weltordnung!

Die Ethik der Stoiker
(um 300 v. – 200 n. Chr.)

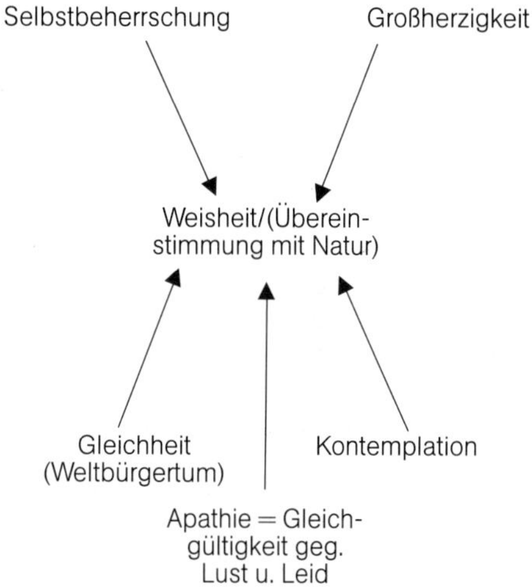

Lucius Annaeus Seneca, geb. um 4 v. Chr. in Cordoba (Spanien), studierte in Rom Rhetorik und Philosophie. Er hatte wichtige politische Ämter inne. Seneca gilt als einer der Hautvertreter der späten Stoa. Er wurde eine Zeitlang nach Korsika verbannt, war Erzieher des jungen Nero und später vorübergehend Berater des Kaisers. Als sein Einfluß nachließ, zog er sich aus dem politischen Leben zurück. Im Jahre 65 n. Chr. wurde er der Teilnahme an einer Verschwörung gegen Nero beschuldigt. Auf Befehl Neros mußte er durch Selbsttötung aus dem Leben scheiden.

Seneca: **Die Glückseligkeit hängt nicht von äußeren Gütern ab**

Halte nie einen für glücklich, der von äußern Dingen abhängt. Auf Zerbrechliches stützt sich, wer seine Freude an Dingen hat, die von außen kommen; jede Freude, die von dort eingezogen ist, wird auch wieder hinausziehen. Aber das, was aus sich selbst entsprungen, ist treu und fest, nimmt zu und begleitet uns bis ans Ende; das übrige, was dem großen Haufen Bewunderung erregt, ist nur dann fruchtbringend und angenehm, wenn derjenige, der es besitzt, auch sich selbst in Besitz hat, und nicht in der Gewalt seiner Habseligkeiten ist. Denn diejenigen irren, mein Lucilius, welche glauben, daß das Schicksal uns irgendein Gut oder Übel zuerteile; dieses gibt uns nur den Stoff zu Gütern und Übeln und den Keim von Dingen, die bei uns zu einem Gut oder Übel erwachsen sollen. Denn mächtiger als alles Schicksal ist die Seele! Sie wendet ihre Begegnisse selbst nach beiden Seiten hin und ist sich selbst die Ursache zu einem glücklichen oder unglücklichen Leben. Der Schlechte wendet alles zum Schlechten, auch was mit dem Scheine des Besten gekommen war; der Rechtschaffene und Redliche verbessert das Schlimme des Schicksals, mildert das Harte und Herbe, indem er es geschickt erträgt, und nimmt das Angenehme dankbar und bescheiden, das Widerwärtige aber standhaft und tapfer hin. Mag er aber noch so klug sein, mag er alles mit reifer Überlegung tun, mag er nichts über seine Kräfte Gehendes versuchen: es wird ihm doch jenes vollkommene und außerhalb des Bereichs aller Drohungen liegende Gut nicht zuteil werden, wenn er nicht sicher gegen das Unsichere ist. Magst du nun andere beobachten (denn in fremden Sachen ist das Urteil freier), oder dich selbst mit Beseitigung aller Parteilichkeit: so wirst du erkennen und eingestehen, daß keins von diesen begehrenswerten und schätzbaren Dingen nützlich sei, wenn du dich nicht gegen die Flüchtigkeit des Zufalls und der Dinge, die dem Zufall folgen, vorsiehst, wenn du nicht oft und ohne Klage bei jedem einzelnen Verluste sagst: „Den Göttern hat es anders gefallen." Oder vielmehr, um einen kräftigern und richtigern Spruch zu suchen, durch den du deinen Mut noch besser stützen kannst: du mußt, so oft etwas anders gegangen ist, als du dachtest, sagen: „Die Götter haben es besser verstanden." Wer so gefaßt ist, dem wird nichts Widriges begegnen. Eine solche Fassung aber wird gewinnen, wer bedacht hat, was der Wechsel menschlicher Dinge vermag, noch ehe er ihn erfährt, wer Kinder, Gattin und Erbvermögen so besitzt, als werde er sie nicht immer besitzen, und als werde er nicht deshalb unglücklicher werden, wenn er aufgehört hat, sie zu besitzen. Unglücklich ist die Seele, die des Zukünftigen wegen ängstlich ist, und elend ist schon vor dem Elend, wer in Sorgen schwebt, ob das, woran er sich erfreut, ihm auch bis ans Ende verbleiben werde. Denn zu keiner Zeit wird er Ruhe haben und über der Erwartung des Kommenden auch das Gegenwärtige, das er genießen konnte, verlieren. Gleich aber stehen der Verlust einer Sache und die Furcht, sie zu verlieren. Doch schreibe ich dir deshalb keine Fahrlässigkeit vor. Wende immerhin ab, was zu fürchten ist; was irgend durch Überlegung vermieden werden kann, das vermeide; was irgend dich verletzen kann, das erforsche und entferne es, lange bevor es eintritt. Dazu aber wird dir Zuversicht und ein zur Ertragung von allem gestählter Sinn am meisten dienlich sein. Der kann sich vor dem Schicksal hüten, der es zu ertragen vermag; wenigstens gerät er, von Stille umgeben, nicht in Unruhe. Nichts ist elender und törichter, als sich vorher zu fürchten. Was für ein Unsinn ist es, seinem Übel vorauszuschreiten! Um kurz zusammenzufassen, was ich denke, und dir jene sich abängstigenden und sich selbst lästigen Leute zu schildern, die im Unglück selbst sowenig Maß halten als vor demselben: mehr leidet, als nötig ist, wer eher leidet, als nötig ist. Denn aus derselben Schwäche, aus der er sein Leiden nicht erwartet, schätzt er es auch nicht. Aus demselben Mangel an Mäßigung bildet er sich ein, sein Glück werde ein beständiges sein, und alles, was ihm zuteil geworden, müsse zunehmen, nicht bloß fortdauern, und uneingedenk jenes Schwungrades, das alles Menschliche hin und her wirft, verspricht er sich allein die Beständigkeit des Zufälligen. Vortrefflich scheint mir daher Metrodorus in jenem Briefe, worin er seiner Schwester nach Verlust eines Sohnes von den herrlichsten Anlagen Trost zuspricht, gesagt zu haben: „Sterblich ist jedes Gut der Sterblichen." Er spricht aber von den Gütern, nach welchen alles rennt; denn jenes wahre Gut stirbt nicht, es ist sicher und unvergänglich, die Weisheit und die Tugend; dieses allein wird den Sterblichen als etwas Unsterbliches zuteil. Übrigens sind sie so unbillig und vergessen so sehr, wohin sie gehen und wohin jeder einzelne Tag sie drängt, daß sie sich wundern, wenn sie etwas verlieren, da sie doch an einem Tage alles verlieren werden. Was es auch ist, dessen Herr du heißest, es ist nur bei dir, ist nicht dein: für den Wankenden gibt es nichts Festes, für den Hinfälligen nichts Ewiges und Unbezwingliches. Das Vergehen ist ebenso notwendig wie das Verlieren, und eben dies ist, wenn wir es einsehen, ein Trost, daß wir mit Gleichmut verlieren, was zum Verlieren bestimmt ist. Was für eine Hilfe nun finden wir gegen diese Verluste? Diese, daß wir das Verlorene im Gedächtnis behalten und uns mit demselben nicht auch die Frucht entgehen lassen, die wir davon genossen haben. Das Besitzen wird uns entrissen, das Besessenhaben nie. Sehr undankbar ist, wer nach dem Verluste für das Empfangene nichts zu schulden glaubt. Die Sache entreißt uns der Zufall, den Gebrauch und Genuß läßt er uns, und nur durch ungerechte Sehnsucht verlieren wir ihn. Warum lassen wir den Mut sinken, warum verzweifeln wir? Alles, was einst geschehen konnte, kann auch noch geschehen. Reinigen wir nur unsere Seele und folgen wir der Natur; wer von ihr abirrt, muß wünschen, fürchten und dem Zufälligen dienen. Es steht uns frei, auf den Weg zurückzukehren und in den vorigen Stand zurückversetzt zu werden. Lassen wir uns zurückversetzen, damit wir Schmerzen, auf welche Art sie auch den Körper befallen, ertragen und zum Schicksal sagen können: „Du hast es mit einem Manne zu tun; suche dir einen andern, den du besiegen kannst."

Aus: Seneca, Vom glückseligen Leben. Auswahl aus seinen Schriften. Hrsg. von Heinrich Schmidt. Alfred Kröner Verlag, Stuttgart 1956. Darin: Briefe an Lucilius, S. 257–259

▷ Warum soll man nie einen für glücklich halten, der von äußeren Dingen abhängt?
▷ Worauf beruht nach Seneca das glückliche oder unglückliche Leben? (Vergleichen Sie, was Seneca darüber sagt, mit Matthäus 6, 19–34 und 16, 26).
▷ Wie stellt man sich nach Senecas Ansicht am besten auf die Wechselfälle im menschlichen Leben ein? (Vergleichen Sie Senecas Empfehlung mit der des Apostels Paulus im ersten Brief an die Korinther 7, 29–32. Was erfahren Sie über Paulus' Verhältnis zu den Stoikern aus der Apostelgeschichte 17, 16–28?)
▷ Halten Sie es für einen Trost, wenn der Bruder seiner Schwester nach deren Verlust eines Kindes schreibt: „Sterblich ist jedes Gut der Sterblichen"? – Wenn nicht, woran liegt das? Warum findet Seneca aber dieses Wort tröstlich?
▷ Welches weitere Trostmittel führt Seneca an, um über einen schweren Verlust hinwegzukommen?
▷ Weshalb muß der „wünschen, fürchten und dem Zufälligen dienen", welcher von der Natur „abirrt"? Sind Hoffnung und Furcht keine natürlichen Antriebe?
▷ Welche Gefahren liegen darin, daß man sich zur Gleichgültigkeit gegenüber dem eigenen Schicksal erzieht? Beachten Sie aber, daß Seneca nur für eine bestimmte Art von Übeln zum Gleichmut rät.

Kaiser Marcus Aurelianus Antoninus. Marmorrelief

Marc Aurel geb. 121 n. Chr. in Rom, bestieg 161 den römischen Kaiserthron gemeinsam mit seinem Adoptivbruder Lucius Verus, ab 177 mit seinem Sohn Commodus. Er besiegte die Parther (162–166) und kämpfte ständig gegen germanische Grenzvölker. Als Philosoph war er ein Hauptvertreter der Stoa. In seinen „Selbstbetrachtungen" schrieb er seine Gedanken über das Weltgeschehen, die Menschenliebe und die Unbeständigkeit des Daseins nieder. Nach einem siegreichen Feldzug an die Donau starb er 180 bei Wien an einer Krankheit. Augustinus sagte später, daß das Leben des heidnischen Kaisers Marc Aurel die Nachahmung der Christen verdiene.

Marc Aurel: **Aus den Selbstbetrachtungen**

Wenn du des Morgens nicht gern aufstehen magst, so denke: Ich erwache, um als Mensch zu wirken. Warum sollte ich mit Unwillen das tun, wozu ich geschaffen und in die Welt geschickt bin? Bin ich denn geboren, um im warmen Bette liegen zu bleiben? – „Aber das ist angenehmer." – Du bist also zum Vergnügen geboren, nicht zur Tätigkeit, zur Arbeit? Siehst du nicht, wie die Pflanzen, die Sperlinge, die Ameisen, die Spinnen, die Bienen alle ihr Geschäft verrichten und nach ihrem Vermögen der Harmonie der Welt dienen? Und du weigerst dich, deine Pflicht als Mensch zu tun, eilst nicht zu deiner natürlichen Bestimmung? „Aber man muß doch auch ausruhen?" Freilich muß man das. Indes hat auch hierin die Natur eine bestimmte Grenze gesetzt, wie sie im Essen und Trinken eine solche gesetzt hat. Du aber überschreitest diese Schranke, du gehst über das Bedürfnis hinaus. Nicht so in den Äußerungen deiner Tätigkeit; hier bleibst du hinter dem Möglichen zurück. Du liebst dich eben selbst nicht, sonst würdest du auch deine Natur und das, was sie will, lieben. Diejenigen, die ihr Handwerk lieben, arbeiten sich dabei ab, vergessen das Bad und die Mahlzeit. Du aber achtest deine Natur weniger hoch als der Erzgießer seine Bildformen, der Tänzer seine Sprünge, der Geizhals sein Geld, der Ehrgeizige sein bißchen Ruhm? Auch diese versagen sich den Gegenständen ihrer Leidenschaft zuliebe eher Nahrung und Schlaf, als daß sie es weiter zu bringen suchen in dem, was für sie so anziehend ist. Dir aber erscheinen gemeinnützige Handlungen geringfügiger und der Anstrengung nicht so wert.

Aus: Marc Aurel: Selbstbetrachtungen, 5. Buch, 1. Abschnitt, Reclam Verlag, Stuttgart 1986, S. 58/59

- ▷ Marc Aurel beschreibt einen inneren Kampf nach dem Erwachen in der Frühe. Zwischen welchen beiden Kräften spielt er sich ab?
- ▷ Wie beantwortet Epikur (s. S. 51) die Frage: „Bist du ... zum Freuen geboren?", und welche Antwort gibt Marc Aurel? Worauf stützt er seine Antwort?
- ▷ Augustinus kritisiert das stoische Ziel der Gemütsruhe in schweren Schicksalsschlägen als Illusion. Gleichwohl lehrt auch er den Rückzug auf sich selbst. Er sagt: „Gehe nicht nach draußen, kehre in dich selber ein; im inneren Menschen wohnt die Wahrheit; und wenn du deine Natur in ihrer Wandelbarkeit erkannt hast, überschreite auch dich selbst." Stimmt diese Äußerung mit der stoischen Auffassung überein oder weicht sie von ihr ab?
- ▷ Läuft der von Marc Aurel geforderte Rückzug auf sich selbst nicht darauf hinaus, gleichgültig gegenüber dem Befinden anderer zu sein?
- ▷ Wie beurteilen Sie das Verhältnis zwischen stoischer und christlicher Ethik? Wo sehen Sie Gemeinsamkeiten, wo Unterschiede?

Thomas Hobbes: Die Ableitung sozialer Ordnung aus der egoistischen Natur des Menschen

Thomas Hobbes, geb. 1588 als Sohn eines Landpfarrers, kam in frühem Alter mit der antiken Bildung in Berührung. Er blieb sein ganzes Leben der Familie der Grafen von Devonshire als Hauslehrer verbunden. 1640–51 lebte er im Exil in Frankreich, das er schon früher bereist und wo er Bekanntschaft mit Descartes gemacht hatte. In Italien traf er mit Galilei zusammen. Hobbes wurde zum Haupttheoretiker des Absolutismus, wobei ihn die blutigen Wirren des englischen Bürgerkrieges bis zu Cromwells Sieg (1642–49) in seinen Anschauungen bestärkt haben. 1651 erschien sein Werk „Leviathan“, das den Staat als ein alle Unruhestifter verschlingendes Ungeheuer entwirft. Hobbes starb 1679.

Einführung

In seinen wichtigsten Schriften, vor allem seinem Hauptwerk „Leviathan“, versucht Thomas Hobbes (1588–1679) eine Rechts- und Staatsordnung streng kausal herzuleiten. Der Kampf zwischen Krone und Parlament, der mit der Thronbesteigung Jakobs I. (1603–1625) ausgebrochen war und später unter seinem Sohn Karl I. zum Bürgerkrieg führte, mochte ihm gezeigt haben, wie dringend sein Anliegen war. Allerdings hatte er sich schon früher mit Fragen der Macht befaßt und die Geschichte des Peloponnesischen Krieges von Thukydides übersetzt.
Wie seine Zeitgenossen Descartes, Mersenne, Spinoza und andere war auch Hobbes von der neuen mathematischen Physik des Galilei tief beeindruckt, galt ihm doch die Mathematik als das Vorbild strenger Wissenschaft. Aufgrund der galileischen Physik nahm er an, daß Körper und deren Bewegungen die einzige Ursache für die Vielfalt und den Wechsel der Erscheinungen seien. Auch das Bewußtsein und Triebleben des Menschen mußte sich demnach aus jenen beiden mechanischen Grundbegriffen erklären lassen. Diese mechanische Weltansicht ist für sein Vorgehen entscheidend: So wie man ein Uhrwerk aus seinen Einzelteilen und deren Bewegungen versteht, so muß man auch den Staat als ein mechanisches System betrachten, dessen reibungsloses Funktionieren sich aus den Individuen und ihren Triebbewegungen konstruieren läßt. Gleich am Anfang seines „Leviathan“ verkündet Hobbes diesen durchgängigen Determinismus und Materialismus. Das Leben, sagt er, ist nichts als eine Bewegung der Glieder, und deshalb haben Automaten ein künstliches Leben. Das Gemeinwesen, das er Leviathan nennt, ist eine Schöpfung der Kunst und so tatsächlich ein künstlicher Mensch. Die Souveränität ist seine künstliche Seele.
Die ausgewählten Texte lassen vor allem erkennen, wie Hobbes die Natur

Titelseite der Erstausgabe des „Leviathan“ (1651)

des Menschen konzipiert. Diese Konzeption ist deshalb von größter Bedeutung, weil sie die Prämisse seiner Staatstheorie darstellt. Von der Natur des Menschen leitet Hobbes zunächst den Naturzustand, d. h. den vorstaatlichen Gesellschaftszustand, ab und entwickelt dann aus diesem den Staat. In ausdrücklichem Gegensatz zu Aristoteles leugnet Hobbes eine natürliche Neigung des Menschen zu sozialem Verhalten. Den Menschen bestimmt allein der Selbsterhaltungstrieb, woraus das Streben, die eigene Freiheit zu erhalten und Herrschaft über andere zu erlangen, entspringt. Wenn aber jeder mit allen Mitteln um seinen Rang in der Gesellschaft kämpft, dann muß daraus ein Krieg aller gegen alle entstehen, der das Leben gefährlich, grausam und kurz macht. Dieser Krieg herrscht im Naturzustand. Es gibt in ihm weder Eigentum noch Gerechtigkeit, sondern nur Gewalt und Betrug. Der Mensch ist also für den Menschen ein Wolf – homo homini lupus. Wie läßt sich aber bei diesem Menschenbild eine soziale Ordnung denken?

Dieses Problem löst Hobbes durch seine Theorie des Gesellschaftsvertrages. Die Menschen schließen sich zu einer Gesellschaft zusammen, verzichten auf ihre natürliche Freiheit zur Gewaltanwendung und unterwerfen sich alle einem von ihnen gewählten Souverän, um so den Gefahren des Naturzustandes zu entgehen. Es ist also der Trieb zur Selbsterhaltung, durch den der Naturzustand überwunden und die völlige Unterwerfung unter die Macht des Souveräns herbeigeführt wird.

Die Bedeutung von Hobbes' Ansatz für die Moral-, Rechts- und Staatstheorie liegt u. a. darin, daß er die Unterwerfung des Individuums unter staatliche Gesetze und moralische Gebote aus dem wohlverstandenen Eigeninteresse des Individuums zu begründen versucht.

Thomas Hobbes: **Vom Zustand der Menschen außerhalb der bürgerlichen Gesellschaft** (Abschnitt 2)

2. Die meisten, welche über den Staat geschrieben haben, setzen voraus oder erbitten oder fordern von uns den Glauben, daß der Mensch von Natur ein zur Gesellschaft geeignetes Wesen sei, also das, was die Griechen *zôon politikón* [das gemeinschaftsbildende Wesen] nennen. Auf dieser Grundlage errichten sie ihre Lehre von der bürgerlichen Gesellschaft, als ob zur Erhaltung des Friedens und zur Regierung des menschlichen Geschlechts nichts weiter nötig wäre, als daß die Menschen sich auf gewisse Verträge und Bedingungen einigten, die sie selbst dann Gesetze nennen. Dieses Axiom ist jedoch trotz seiner weitverbreiteten Geltung falsch; es ist ein Irrtum, der aus einer allzu oberflächlichen Betrachtung der menschlichen Natur herrührt. Denn untersucht man genauer die Gründe, warum die Menschen zusammenkommen und sich gegenseitig an ihrer Gesellschaft erfreuen, so findet man leicht, daß dies nicht naturnotwendig, sondern nur zufälligerweise geschieht. Denn wenn die Menschen einander von Natur, d. h. bloß weil sie Menschen sind, liebten, wäre es unerklärlich, weshalb nicht jeder einen jeden in gleichem Maße liebte, da sie ja alle in gleichem Maße Menschen sind; oder weshalb der Mensch lieber die Gesellschaft derer aufsucht, die ihm mehr als den übrigen Ehre und Vorteil erweisen. Der Mensch sucht also von Natur keine Gesellschaft um der Gesellschaft willen, sondern um von ihr Ehre und Vorteil zu erlangen; dies begehrt er zuerst, das andere nur an zweiter Stelle. Die Absicht, weshalb die Menschen sich zusammenschließen, ergibt sich aus dem, was sie nach einem Zusammenschluß tun. Ist es des Handels wegen geschehen, so sorgt ein jeder nicht für den Genossen, sondern für sein eigenes Vermögen; ist es des Amtes wegen geschehen, so entsteht eine Art Amtsfreundschaft, die aber mehr Eifersucht aufeinander als Liebe enthält und aus der wohl manchmal Zwietracht, aber niemals Wohlwollen hervorgeht; kommen Menschen des geistigen Verkehrs oder des Vergnügens wegen zusammen, so neigt jeder dazu, sich besonders an dem zu erfreuen, was Lachen erweckt, damit er selbst (wie es die Natur des Lächerlichen mit sich bringt) durch Vergleich mit den Fehlern und Schwächen anderer Menschen wenigstens seiner Meinung nach desto lobenswerter hervortrete. Und wenn dies auch manchmal nicht in böser Absicht und ohne jemand zu verletzten geschieht, so ist doch klar, daß dabei nicht so sehr die Gesellschaft, wie die eigene eitle Ehre das Vergnügen hervorruft. Übrigens werden in solchen Zusammenkünften meist die Abwesenden verletzt: ihr ganzes Leben, ihre Worte und Handlungen werden untersucht, beurteilt, verdammt oder zu beißenden Scherzen benutzt; ja selbst die Anwesenden werden nicht geschont, denn sobald sie zur Tür hinaus sind, müssen sie Gleiches erleiden. Deshalb war es gar kein törichter Einfall, aus solchen Klatschgesellschaften immer nur als der letzte fortzugehen. Und das sind in der Tat die wahren Freuden der geselligen Vereinigung, nach denen wir von Natur, d. h. durch die allen lebenden Wesen eingepflanzten Leidenschaften, so lange verlangen, bis durch trübe Erfahrungen oder heilsame Lehren die Begierde nach dem Gegenwärtigen durch das Andenken an das Vergangene gemäßigt ist, was bei vielen nie der Fall ist. Ohnedem wäre das Geschwätz der meisten, gerade in diesen Dingen höchst beredten Menschen trocken und nüchtern.

Trifft es sich, daß die Gesellschaft sich Geschichten erzählt, und gibt einer etwas

von sich selbst zum besten, so will auch jeder andere sofort von sich selbst erzählen; wenn der eine etwas Wunderbares mitteilt, so wollen auch die andern von Wundern berichten, die sie erlebt haben; und haben sie keine erlebt, so erdichten sie welche. Soll ich endlich derer gedenken, die weiser als die andern sein wollen? Kommen sie zu gemeinschaftlichem Philosophieren zusammen, so sind dort ebenso viele, die Belehrung austeilen, als da Menschen sind, denn alle wollen sie als Meister erscheinen. Und im übrigen lieben sie die Genossen ebensowenig wie andere, vielmehr verfolgen sie einander sogar mit Haß.
Somit ist allen, die die menschlichen Verhältnisse etwas aufmerksamer betrachten, durch Erfahrung klar, daß die Menschen aus freien Stücken nur zusammenkommen, weil die gemeinsamen Bedürfnisse oder die Ehrsucht sie dazu treiben; sie wollen von ihrer Verbindung nur irgendeinen Vorteil oder jenes *eudokimeîn*, die Achtung und die Ehre bei den Genossen erlangen. Dasselbe ergibt sich mittels der Vernunft aus den Definitionen des *Willens*, des *Guten*, der *Ehre* und des *Nutzens*. Denn da wir aus freiem Willen uns verbinden, so fragt man bei jeder Verbindung nach dem Gegenstand dieses Willens, d. h. nach dem, was jedem der sich Verbindenden dabei als Gut erscheint. Alles aber, was als Gut gilt, ist angenehm und bezieht sich entweder auf die Sinnesorgane oder auf den Geist. Alle Lust des Geistes ist aber entweder die *Ehre* (oder die gute Meinung von sich selbst) oder etwas, was sich letzten Endes auf die Ehre bezieht; alles andere ist sinnlicher Natur oder dem Sinnlichen zuträglich und kann vollständig unter dem Namen des *Vorteils* befaßt werden. Somit wird jede Verbindung nur des Vorteils oder des Ruhmes wegen, d. h. aus Liebe zu sich selbst und nicht zu den Genossen eingegangen. Eine Verbindung aber, die des Ruhmes wegen entstanden ist, kann weder groß noch dauernd sein. Denn mit dem Ruhm ist es wie mit der Ehre; wenn alle Menschen sie haben, so hat keiner sie, da ihr Wesen in der Vergleichung und dem Vorzuge vor andern liegt. Auch gibt die bloße Verbindung mit andern dem einzelnen keinen zusätzlichen Grund, sich Ehre zuzuschreiben; denn jeder gilt nur so viel, als er aus sich selbst, ohne die Hilfe anderer vermag. Zwar können die Annehmlichkeiten dieses Lebens durch gegenseitige Unterstützung vermehrt werden; allein dies kann viel besser durch die Herrschaft über andere als durch die Verbindung mit ihnen erreicht werden; daher würde unzweifelhaft jedes Menschen Natur, wenn die Furcht ihn nicht hinderte, stärker zur Herrschaft als zur Gesellschaft treiben. Deshalb muß man anerkennen, daß der Ursprung der großen und dauernden Verbindungen der Menschen nicht von gegenseitigem Wohlwollen, sondern von gegenseitiger Furcht ausgegangen ist.

Aus: Thomas Hobbes, Vom Menschen. Vom Bürger. Übersetzt von M. Frischeisen-Köhler. Verlag Felix Meiner, Hamburg 1959, S. 75–79

▷ Geben Sie die Hauptthese des Textes an. Wogegen wendet sie sich?
▷ Erläutern Sie anhand des Textes die beiden Begriffe Ehre und Vorteil.
▷ Worauf läßt sich nach Hobbes letzten Endes jeder gesellschaftliche Zusammenschluß zurückführen?
▷ Wie sehen Sie das Menschenbild, das Hobbes entwirft?

Thomas Hobbes: **Vom Zustand der Menschen außerhalb der bürgerlichen Gesellschaft** (Abschnitt 7–13)

7. Bei so vielen Gefahren, die durch die natürliche Begierde der Menschen jeden einzelnen täglich bedrohen, kann man ihn nicht tadeln, wenn er sich dagegen zu schützen sucht, ja er kann gar nicht den Willen haben, anders zu handeln. Denn jeder verlangt das, was gut, und flieht das, was übel für ihn ist; vor allem flieht er das größte der natürlichen Übel, den Tod; und zwar infolge einer natürlichen Notwendigkeit, nicht geringer als die, durch welche ein Stein zur Erde fällt. Es ist daher weder absurd noch tadelnswert noch gegen die rechte Vernunft, wenn der Mensch sich alle Mühe gibt, seine Glieder zu schützen und gesund zu erhalten, seinen Körper vor Tod und Schmerzen zu bewahren. Was aber nicht gegen die rechte Vernunft geht, nennt jedermann richtig und mit Recht gehandelt. Durch das Wort Recht ist nichts anderes bezeichnet als die Freiheit, die jeder hat, seine natürlichen Vermögen gemäß der rechten Vernunft zu gebrauchen. Daher ist die erste Grundlage des natürlichen Rechts, daß jeder sein Leben und seine Glieder nach Möglichkeit zu schützen suche.
8. Da das Recht auf einen Zweck demjenigen nichts nützt, dem das Recht auf die dazu erforderlichen Mittel verweigert wird, so folgt aus dem jedem zustehenden Rechte, sich zu erhalten, auch das Recht für ihn, alle Mittel zu gebrauchen und alle Handlungen zu tun, ohne die er sich nicht erhalten kann.
9. Ob nun aber die Mittel, die er gebrauchen, und die Handlungen, die er ausführen will, zur Erhaltung seines Lebens und seiner Glieder notwendig sind oder nicht, darüber ist er selber nach dem Naturrecht Richter. Denn wenn es gegen die rechte Vernunft verstieße, daß ich selbst über die mir drohende Gefahr entschiede, so würde es ein anderer tun. Da dieser nun aber über meine Angelegenheiten entscheidet, so könnte ich mit demselben Recht, da wir von Natur aus gleich sind, auch über seine Angelegenheiten entscheiden. Deshalb könnte ich dann nach der rechten Vernunft, d. h. nach dem Naturrecht, auch darüber entscheiden, ob das, was er meint, zu meiner Erhaltung diene oder nicht.
10. Die Natur hat jedem ein Recht auf alles gegeben; d. h. in dem reinen Naturzustande oder ehe noch die Menschen durch irgendwelche Verträge sich gegenseitig gebunden hatten, war es jedem erlaubt zu tun, was er wollte und gegen wen er es wollte, und alles in Besitz zu nehmen, zu gebrauchen und zu genießen, was er wollte und konnte. Da nun alles, was jemand will, ihm gut erscheint, weil er es will, und dies entweder wirklich zu seiner Erhaltung dient oder ihm wenigstens so scheint (denn nach dem Vorigen ist er selbst Richter hierüber; deshalb muß das für notwendig gelten, was er selbst dafür hält), und da nach Abschnitt 7 das mit dem Rechte der Natur geschieht und besessen wird, was notwendig zum Schutz des Lebens und der Glieder dient, so folgt, daß in dem Naturzustande jeder alles haben und tun darf. Und das ist der Sinn des bekannten Satzes: Die Natur hat allen alles gegeben. Daraus ersieht man auch, daß im Naturzustande der Nutzen der Maßstab des Rechtes ist.
11. Es brachte aber den Menschen durchaus keinen Nutzen, in dieser Weise ein gemeinsames Recht auf alles zu haben. Denn die Wirkung eines solchen Rechts ist so ziemlich dieselbe, als wenn überhaupt kein Recht bestände. Wenn auch jeder von jeder Sache sagen konnte: *diese ist mein,* so konnte er doch seines

Nachbars wegen sie nicht genießen, da dieser mit gleichem Rechte und mit gleicher Macht behauptete, daß sie sein sei.

12. Nimmt man nun zu der natürlichen Neigung der Menschen, sich gegenseitig Schaden zuzufügen, einer Neigung, die aus ihren Leidenschaften, hauptsächlich aber aus ihrer eitlen Selbstüberschätzung hervorgeht, dies Recht aller auf alles hinzu, nach welchem der eine mit Recht angreift und der andere mit Recht Widerstand leistet, und aus welchem stetes Mißtrauen und Verdacht nach allen Seiten hin hervorgeht, und erwägt man, wie schwer es ist, gegen Feinde, selbst von geringer Zahl und Macht, die mit der Absicht, uns zu unterdrücken und zu vernichten, uns angreifen, sich zu schützen: so kann man nicht leugnen, daß der natürliche Zustand der Menschen, bevor sie zur Gesellschaft zusammentraten, der *Krieg* gewesen ist, und zwar nicht der Krieg schlechthin, sondern der Krieg aller gegen alle. Denn was ist der Krieg anderes als jene Zeit, wo der Wille, mit Gewalt seinen Streit auszufechten, durch Worte oder Taten deutlich erklärt wird? Die übrige Zeit nennt man *Frieden.*

13. Wie schädlich aber ein ewiger Krieg für die Erhaltung des menschlichen Geschlechts oder des einzelnen Menschen ist, kann man leicht ermessen. Nun ist aber dieser Krieg seiner eigenen Natur nach ewig, da er bei der Gleichheit der Streitenden durch keinen Sieg beendet werden kann. Denn selbst der Sieger bleibt weiter bedroht, so daß es fast ein Wunder scheint, wenn in diesem Zustand jemand, und sei er auch noch so stark, eines natürlichen Todes im Alter stirbt. Als ein Beispiel hierfür zeigt uns das jetzige Jahrhundert die Amerikaner; frühere Zeiten zeigen andere Völker, die jetzt zwar gebildet und blühend sind, aber damals gering an Zahl, roh, von kurzer Lebensdauer, arm und unansehnlich waren und alle Erleichterungen und allen Schmuck des Lebens entbehrten, welche der Friede und die Gesellschaft gewöhnlich gewähren. Wer also meint, daß man am besten in dem Zustande geblieben wäre, wo allen alles erlaubt war, der widerspricht sich selbst; denn jeder verlangt aus natürlicher Notwendigkeit nach dem für ihn Guten, und niemand wird einen solchen Krieg aller gegen alle, welcher diesem Zustande natürlicherweise anhaftet, als etwas für ihn Gutes ansehen. Dadurch kommt es, daß man infolge gegenseitiger Furcht es für ratsam hält, aus einem solchen Zustande herauszutreten und Genossen zu suchen, damit, wenn Krieg sein muß, er doch nicht gegen alle und ohne Hilfe geführt werde.

Aus: Thomas Hobbes, Vom Menschen. Vom Bürger. A. a. O., S. 81–84

- ▷ Welches ist die erste grundlegende Forderung des natürlichen Rechts und warum besteht sie? Welches weitere Recht folgt daraus?
- ▷ Weshalb kann nach dem natürlichen Recht jeder selbst über das entscheiden, was zu seiner Erhaltung nötig ist?
- ▷ Was versteht Hobbes unter dem Naturzustand?
- ▷ Wessen Nutzen ist der Maßstab des Rechtes im Naturzustand?
- ▷ Was folgt daraus, „daß im Naturzustande jeder alles haben und tun darf?“
- ▷ Was veranlaßt die Menschen, aus dem Naturstand herauszutreten?
- ▷ Hobbes behauptet, „daß der Ursprung der großen und dauernden Verbindungen der Menschen nicht von gegenseitigem Wohlwollen, sondern von gegenseitiger Furcht ausgegangen ist“. Wie schätzen Sie diese Behauptung angesichts der Ergebnisse der Verhaltensforschung ein? Ziehen Sie dazu (noch einmal) den Auszug aus Konrad Lorenz’ „Das sogenannte Böse“ heran.

Thomas Hobbes:

Von den natürlichen Gesetzen und den Verträgen

[...] Die Leidenschaften, die die Menschen zum Frieden unter sich geneigt machen können, sind die Furcht überhaupt und insbesondere die Furcht vor einem gewaltsamen Tod; ferner das Verlangen nach den zu einem glücklichen Leben erforderlichen Dingen und endlich die Hoffnung, sich diese durch Anstrengung wirklich zu verschaffen. Die Vernunft aber liefert uns einige zum Frieden hinführende Grundsätze, und das sind die natürlichen Gesetze, von welchen in den nächsten beiden Kapiteln umfassender gehandelt werden wird.
Das Naturrecht ist die Freiheit, nach welcher ein jeder zur Erhaltung seiner selbst seine Kräfte beliebig gebrauchen und folglich alles, was dazu etwas beizutragen scheint, tun kann.
Freiheit begreift ihrer ursprünglichen Bedeutung nach die Abwesenheit aller äußeren Hindernisse in sich. Das natürliche Gesetz aber ist eine Vorschrift oder allgemeine Regel, welche die Vernunft lehrt, nach welcher keiner dasjenige unternehmen darf, was er als schädlich für sich selbst anerkennnt. Die Wörter *Recht* und *Gesetz* werden zwar häufig füreinander gebraucht; sie sind jedoch wirklich voneinander unterschieden. Das *Recht* besteht nämlich in der Freiheit, etwas zu tun oder zu unterlassen; das *Gesetz* aber schließt eine Verbindlichkeit, etwas zu tun oder es zu unterlassen, in sich. Folglich sind Recht und Gesetz ebenso unterschieden wie Freiheit und Verbindlichkeit, welche bei ein und derselben Sache zugleich widersprechend sind.
Weil nun, wie schon in dem vorhergehenden Kapitel gezeigt worden ist, die Menschen sich in dem Zustande des Krieges aller gegen alle befinden und jeder sich der Leitung seiner eigenen Vernunft überläßt und da es nichts gibt, was er nicht irgendeinmal zur Verteidigung seines Lebens gegen einen Feind mit Erfolg gebrauchen könnte, folgt, daß im Naturzustande alle ein Recht auf alles, die Menschen selbst nicht ausgenommen, besitzen. Solange daher dieses Recht gilt, wird keiner, sollte er auch der Stärkste sein, sich für sicher halten können. Also ist folgendes eine Vorschrift oder allgemeine Regel der Vernunft: *suche Frieden, solange nur Hoffnung darauf besteht; verschwindet diese, so schaffe dir von allen Seiten Hilfe und nutze sie; dies steht dir frei.* Der erste Teil dieser Regel enthält das erste natürliche Gesetz: *suche Frieden und jage ihm nach;* der zweite Inbegriff des Naturrechts: *jeder ist befugt, sich durch Mittel und Wege aller Art selbst zu verteidigen.*
Aus diesem ersten natürlichen Gesetze ergibt sich das zweite: *sobald seine Ruhe und Selbsterhaltung gesichert ist, muß auch jeder von seinem Recht auf alles – vorausgesetzt, daß andere dazu auch bereit sind – abgehen und mit der Freiheit zufrieden sein, die er den übrigen eingeräumt wissen will.* Solange er sich aber das Recht, alles zu tun, was er will, vorbehält, dauert auch der Krieg; weigern sich indes die übrigen, ihren Rechten auf alles zu entsagen, so darf er auch von seinen nicht abgehen, weil er sonst vermuten ließe: seine Absicht sei nicht, Frieden zu suchen, sondern vielmehr sich andern willig zum Raube darzubieten, was das natürliche Gesetz nicht verlangt. Und ebendas lehren auch die Worte des Evangeliums: *„Was ihr wollt, daß euch die Leute tun sollen, das tut ihr ihnen auch“;* sowie die des allgemein bekannten Sprichwortes: *„Was andere dir nicht tun sollen, tue ihnen auch nicht!“* [...]

Thomas Hobbes:

Über Grund, Entstehung und Definition des Staates

Die Absicht und Ursache, warum die Menschen bei all ihrem natürlichen Hang zur Freiheit und Herrschaft sich dennoch entschließen konnten, sich gewissen Anordnungen, welche die bürgerliche Gesellschaft trifft, zu unterwerfen, lag in dem Verlangen, sich selbst zu erhalten und ein bequemeres Leben zu führen; oder mit anderen Worten, aus dem elenden Zustande eines Krieges aller gegen alle gerettet zu werden. Dieser Zustand ist aber notwendig wegen der menschlichen Leidenschaften mit der natürlichen Freiheit so lange verbunden, als keine Gewalt da ist, welche die Leidenschaften durch Furcht vor Strafe gehörig einschränken kann und auf die Haltung der natürlichen Gesetze und der Verträge dringt. Alles, was die natürlichen Gesetze fordern, wie z. B. Gerechtigkeit, Billigkeit und kurz, *andern das zu tun, was wir wünschen, daß es uns von andern geschehe,* ist, wenn die Furcht vor einer Zwangsmacht wegfällt, den natürlichen Leidenschaften, Zorn, Stolz und den Begierden aller Art, gänzlich zuwider.

Gesetze und Verträge können an und für sich den Zustand des Krieges aller gegen alle nicht aufheben; denn sie bestehen in Worten, und bloße Worte können keine Furcht erregen; daher fördern sie die Sicherheit der Menschen allein und ohne Hilfe der Waffen nicht. Hat man sich vor keiner allgemeinen Macht zu fürchten, dann können Gesetze, welche jemand nur deshalb beobachtet, weil er sieht, daß sie von andern beobachtet werden, ebensowenig verpflichten als hindern, daß ein jeder es für erlaubt hält, soviel als möglich durch Stärke und Klugheit für seine Sicherheit zu sorgen. So findet man auch in der älteren griechischen Geschichte, daß, solange es nur Familienoberhäupter gab, die Räuberei zu Wasser und zu Lande nicht bloß für ein erlaubtes Gewerbe, sondern auch für ehrenvoll gehalten wurde, weil man sich dabei aller unnötigen Grausamkeit enthielt und keine landwirtschaftlichen Geräte entwendete. Was damals kleine Familien taten, das tun jetzt bürgerliche Gesellschaften als große Familien, welche bei der geringsten Gefahr eines feindlichen Einfalls ihre Sicherheit wegen auf Erweiterung ihres Gebietes sinnen, und ihre Feinde, wie auch die, welche sich mit ihnen verbinden könnten, mit Gewalt und List zu bekriegen und dadurch zu schwächen suchen. Dies geschieht aber mit allem Recht, weil sonst ihre Sicherheit leiden würde.

Ebensowenig kann die beabsichtigte Sicherheit dadurch erreicht werden, daß sich nur wenige Menschen miteinander verbinden, weil bei einer geringen Anzahl die durch die wenigen Verbündeten erhaltene Verstärkung den Sieg ungewiß macht und den Feinden um so mehr Mut einflößt. Wie viele aber dazu erforderlich sind, um unsere Sicherheit zu garantieren, läßt sich überhaupt nicht angeben, sondern nur durch Vergleich mit der feindlichen Macht bestimmen; es müssen aber wenigstens so viele sein, daß dem Feind die Lust zum Angriffe genommen werde, weil seine Überlegenheit und die Situation nicht so überwältigend sind. Es mögen ihrer aber noch so viele sein, so werden sie weder gegen auswärtige Feinde noch untereinander sicher sein können, falls sie nach dem Urteil und der Willkür vieler Personen handeln müssen. Denn bei der Uneinigkeit über die Art und Weise, wie sie ihre Kräfte anwenden sollen, wird nicht nur keiner dem andern helfen, sondern es wird auch ihre ganze Macht durch die sich widersprechenden Pläne gleichsam vernichtet werden. Sie werden dann von ihrem gemeinsamen Feinde leicht besiegt werden und überdies aus Eigennutz unter sich in Streit gera-

ten. Wollte man annehmen, daß eine große Anzahl von Menschen, ohne einer allgemeinen Obermacht unterworfen zu sein, Billigkeit und alle übrigen Gesetze der Natur einmütig beobachtete, so müßte dies auch von dem ganzen Menschengeschlecht gelten, und es wäre gar keine bürgerliche Regierung nötig, weil die Menschen auch ohne Oberherrn in Frieden leben würden.
Es reicht auch nicht zu einer fortdauernden Sicherheit aus, daß die Menschen nur auf eine gewisse und bestimmte Zeit, z. B. in einem Krieg oder in einzelnen Treffen, unter einem Oberherrn stehen. Gesetzt, sie überwänden durch eine einmütige Anstrengung ihrer Kräfte den Feind, so wird dennoch nachher, wenn sie keinen gemeinsamen Feind mehr haben oder wenn ein und derselbe von einigen als Feind und von andern als Freund angesehen wird, die Gesellschaft notwendig in sich gespalten werden und wegen der Verschiedenheit ihrer Ansichten ein neuer Krieg unter ihnen selbst entstehen.
Aber, möchte man sagen, es gibt gewisse vernunftlose Tiere, wie die Bienen, welche in einem Stock, und wie die Ameisen, die in einem Haufen friedlich miteinander leben und deshalb von Aristoteles für staatskluge Tiere gehalten wurden. Sie regieren sich selbst, ein jedes nach seinem Urteil und Trieb, ohne sich durch eine Sprache verständigen zu können, was ihnen für das Allgemeinwohl dienlich scheint und was nicht. Warum sollten die Menschen nicht das gleiche können? Hierbei erwäge man folgendes:
Erstens, die Menschen liegen der Ehre und Würde wegen miteinander in einem beständigen Wettstreit; jene Tiere aber nicht. Unter den Menschen entsteht hieraus sowie aus weiteren Ursachen häufig Neid, Haß und Krieg; unter jenen aber höchst selten.
Zweitens, unter den genannten Tieren ist das allgemeine Gut auch das Gut eines jeden einzelnen; so wie nun jedes von ihnen nach diesem strebt, so fördert es ebendadurch auch jenes. Der Mensch aber kennt bei allem, was er besitzt, keine höhere Freude, als daß andere nicht so viel haben.
Drittens, weil diesen Tieren die Vernunft fehlt, finden sie an der allgemeinen Verwaltung nichts zu tadeln; unter den Menschen dünken sich aber viele klüger und zur Regierung fähiger zu sein als andere, und weil daher ein jeder nach seiner Einsicht bessern will, so entsteht Uneinigkeit unter ihnen und dadurch Krieg.
Viertens, wenn diese Tiere auch eine Art von Stimme haben, welche ihre Begierden andeutet, so fehlt ihnen doch die große Kunst, durch deren Hilfe die Menschen es so weit bringen, daß das Gute für Böses, das Böse für Gutes, das Große für Kleinigkeit und die Kleinigkeit für ein Großes gehalten wird und einer des andern Handlung so hinstellt, daß Unruhen unvermeidlich werden.
Fünftens, die Tiere kennen keinen Unterschied zwischen Schaden und Unrecht; solange ihnen nichts fehlt, beneiden sie die andern nicht. Wenn aber der Mensch Muße und Vermögen im Überfluß hat, ist er am unleidlichsten; weil er unter solchen Umständen am meisten geneigt ist, seine Weisheit dadurch zu zeigen, daß er die Handlungen derer, welche am Staatsruder sitzen, bitter tadelt.
Endlich ist die Eintracht unter jenen Tieren ein Werk der Natur, unter Menschen aber ist sie ein Werk der Kunst und eine Folge der Verträge. Was Wunder also, wenn bei diesen für die beständige Dauer der Eintracht außer den Verträgen noch etwas mehr erforderlich ist, nämlich eine allgemeine Macht, die jeder einzelne fürchtet und nach deren Anordnung er bei seinen Handlungen das allgemeine Beste vor Augen haben muß.

Um aber eine allgemeine Macht zu gründen, unter deren Schutz gegen auswärtige und innere Feinde die Menschen bei dem ruhigen Genuß der Früchte ihres Fleißes und der Erde ihren Unterhalt finden können, ist der einzig mögliche Weg folgender: jeder muß alle seine Macht oder Kraft einem oder mehreren Menschen übertragen, wodurch der Wille aller gleichsam auf einen Punkt vereinigt wird, so daß dieser eine Mensch oder diese eine Gesellschaft eines jeden einzelnen Stellvertreter werde und ein jeder die Handlungen jener so betrachte, als habe er sie selbst getan, weil sie sich dem Willen und Urteil jener freiwillig unterworfen haben. Dies faßt aber noch etwas mehr in sich als Übereinstimmung und Eintracht; denn es ist eine wahre Vereinigung in einer Person und beruht auf dem Vertrage eines jeden mit einem jeden, wie wenn ein jeder zu einem jeden sagte: *„Ich übergebe mein Recht, mich selbst zu beherrschen, diesem Menschen oder dieser Gesellschaft unter der Bedingung, daß du ebenfalls dein Recht über dich ihm oder ihr abtrittst."* Auf diese Weise werden alle einzelnen eine Person und heißen *Staat* oder *Gemeinwesen.* So entsteht der *große Leviathan* oder, wenn man lieber will, der *sterbliche Gott,* dem wir unter dem ewigen Gott allein Frieden und Schutz zu verdanken haben. Dieses von allen und jedem übertragene Recht bringt eine so große Macht und Gewalt hervor, daß durch sie die Gemüter aller zum Frieden unter sich gern geneigt gemacht und zur Verbindung gegen auswärtige Feinde leicht bewogen werden. Dies macht das Wesen eines Staates aus, dessen Definition folgende ist:
Staat ist eine Person, deren Handlungen eine große Menge Menschenkraft der gegenseitigen Verträge eines jeden mit einem jeden als ihre eigenen ansehen, auf daß diese nach ihrem Gutdünken die Macht aller zum Frieden und zur gemeinschaftlichen Verteidigung anwende.
Von dem Stellvertreter des Staates sagt man, *er besitzt die höchste Gewalt.* Die übrigen alle heißen *Untertanen* und *Bürger.* Zu dieser höchsten Gewalt gelangt man auf zweierlei Wegen. Einmal: wenn ein Vater seine Söhne zum Gehorsam zwingt, denn er kann ihnen durch Verweigerung des Unterhalts das Leben nehmen; oder auch, wenn man überwundenen Feinden unter der Bedingung das Leben schenkt, daß sie sich unterwerfen. Zum anderen, wenn mehrere die höchste Gewalt einem Menschen oder einer Gesellschaft in der Hoffnung, geschützt zu werden, freiwillig übertragen. Das erstere führt zum Eroberungs-Staat, das letztere zum institutionellen Staat.

Aus: Thomas Hobbes, Leviathan. 2 Teile, hrsg. von Jakob P. Mayer. Reclam Verlag, Stuttgart 1976, S. 118–120 und 151–156

▷ Warum unterwerfen sich nach Hobbes die Menschen den Anordnungen der bürgerlichen Gesellschaft?
▷ Weshalb können Verträge und Gesetze allein nicht den Zustand des Krieges aller gegen alle aufheben?
▷ Welche Gründe gibt Hobbes dafür an, daß im Unterschied zu manchen im sozialen Verband lebenden Tieren die soziale Ordnung beim Menschen zum Problem wird?
▷ Wodurch läßt sich dieses Problem lösen oder auf welche Weise läßt sich eine Staatsmacht etablieren?
▷ Wozu dient die Staatsmacht?
▷ Geben Sie die drei Elemente der Hobbesschen Definition des Staates an.
▷ Können Sie Hobbes' Ansichten vom Menschen und Staat zustimmen?

Baruch de Spinoza: Ethik als vernünftige Fortsetzung des Selbsterhaltungstriebs

Baruch (Benedikt) de Spinoza, geb. 1632 in Amsterdam, entstammte einer jüdischen Familie, die aus Spanien nach den Niederlanden ausgewandert war. Sehr früh studierte Spinoza Descartes' Schriften. Die Ansichten, die er sich aus diesem Studium bildete, brachten ihn in schärfsten Gegensatz zur jüdischen Gemeinde, aus der er schließlich ausgestoßen wurde. Obwohl er völlig zurückgezogen lebte und zu seinen Lebzeiten nur eine größere Schrift veröffentlichte, verbreitete sich sein Ruhm über ganz Europa. Leibniz, Huygens und viele andere berühmte Männer korrespondierten mit ihm. 1673 erhielt er das Angebot, an der Universität Heidelberg Philosophie zu lehren. Aus Sorge, seine geistige Unabhängigkeit einzubüßen, lehnte er ab. Seinen Lebensunterhalt verdiente er sich mit dem Schleifen optischer Gläser. Bereits mit 44 Jahren starb er 1677 in Den Haag an Lungentuberkulose.

Einführung

Spinoza (1632–1677) lebte in einer unruhigen Zeit völlig zurückgezogen in den Niederlanden. Sein Hauptwerk, dem der folgende Auszug entnommen ist, trägt den Titel „Ethik“. Es gliedert sich in fünf Teile, wovon nur die beiden letzten ethische Probleme behandeln. Im dritten Teil entwikkelt Spinoza eine Psychologie, die von Hobbes und Decartes beeinflußt ist, und im ersten und zweiten Teil eine Metaphysik, die das Ergebnis einer kritischen Auseinandersetzung mit Descartes' Gedanken ist.
Descartes definiert Substanz als etwas, das allein durch sich selbst existiert. Er unterscheidet drei verschiedene Substanzen: Gott als unendliche Substanz, Materie und Bewußtsein als endliche Substanzen. Die Ausdehnung gilt bei ihm als Attribut der Materie und das Denken als Attribut des Bewußtseins. Aufgrund von Descartes' Definition der Substanz kommt Spinoza zu dem Schluß, daß es nur eine einzige Substanz geben kann, nämlich die Natur im ganzen oder das Universum, das er mit Gott gleichsetzt. Ausdehnung und Denken sind die beiden für uns erkennbaren Attribute dieser Gott-Natur; an sich hat sie unendlich viele, da sie in jeder Hinsicht unendlich ist. Die endlichen Dinge, die materiellen ebenso wie die geistigen, sind eigentlich gar keine Dinge, sondern Eigenschaften oder

Zustände der einen Substanz. Da sie notwendig existiert, gibt es weder einen freien Willen im geistigen Bereich noch Zufälle in der physikalischen Welt. Die Freiheit des Menschen besteht nur darin, sich von seinen Leidenschaften (Passionen) durch Erkenntnis zu befreien und gemäß der erkannten Notwendigkeit zu handeln. Wie Sokrates glaubt auch Spinoza, daß der Mensch nur aus Irrtum falsch handelt. Daher ist die Vervollkommnung der Erkenntnis für den Menschen das wichtigste Ziel. Die höchste Erkenntnis und zugleich das Glück des Menschen besteht in der intellektuellen Liebe zu Gott. Über diese Formel ist viel nachgedacht worden. Vielleicht hat Einstein, ein guter Kenner Spinozas, ihren Gehalt am besten erfaßt. Nach ihm vermag sich der Naturforscher durch das Eindringen in die gesetzmäßige Ordnung der Natur aus den Fesseln seines Ichs zu befreien. Die Entdeckung einer überlegenen Vernunft in der Natur erfüllt ihn mit einem Gefühl kosmischer Religiosität.

Wie Spinozas Psychologie, so beruht auch seine Ethik auf dem Prinzip der Selbsterhaltung. Alles Verhalten ist beherrscht von dem Streben nach dem eigenen Nutzen. Mit gut und böse bezeichnen wir, was nützlich und schädlich für uns ist. Nun scheint es allerdings jeder Ethik zu widersprechen, den Egoismus zu ihrer Grundlage zu machen. Und doch gibt es einen Weg vom Egoismus zur Sittlichkeit, nämlich die Frage nach dem wahren Nutzen. Diese Frage versucht Spinozas Ethik folgendermaßen zu beantworten: Man solle nichts für sich verlangen, was man nicht auch für andere Menschen begehre; anders gesagt: in Wahrheit nützt mir nur, was auch den Mitmenschen nützt. Der wahre Nutzen ist der gemeinsame Nutzen aller und nicht das, was mir alleine nützt. Spinozas Ethik beruht also auf einem von der Vernunft aufgeklärten und dadurch geläuterten Egoismus. Erst in ihm vollendet sich das dem Menschen angeborene Streben nach Selbsterhaltung.

Nach Spinoza ist also die Ethik die vernünftige Fortsetzung des natürlichen Antriebs zur Selbsterhaltung. Diese Konzeption steht in einem schroffen Gegensatz zu Kant, bei dem moralische Gebote nicht zur Welt der natürlichen Tatsachen gehören und daher nur allzu oft mit ihnen zusammenstoßen.

Baruch de Spinoza: **Die Vorschriften der Vernunft**

Ich möchte die Vorschriften der Vernunft selbst hier kurz darlegen, damit jeder das, was ich meine, leichter verstehen kann. Da die Vernunft nichts verlangt, was der Natur widerstrebt, verlangt sie also eigentlich, daß jeder sich selbst liebe, seinen Nutzen, d. h. was ihm wahrhaft nützlich ist, suche und alles, was den Menschen wahrhaft zu größerer Vollkommenheit führt, begehre; überhaupt, daß jedermann sein Sein, soviel an ihm liegt, zu erhalten strebe. Dies ist sicherlich so notwendig wahr, wie daß das Ganze größer ist als sein Teil. Da nun ferner die Tugend nichts anderes ist als nach den Gesetzen seiner Natur handeln und da jeder sein Sein nur nach den Gesetzen seiner eigenen Natur zu erhalten sucht, folgt daraus: Erstens, daß die Grundlage der Tugend eben das Bestreben ist, sein eigenes Sein zu erhalten, und daß das Glück darin besteht, daß der Mensch sein Sein zu erhalten vermag. Zweitens folgt, daß die Tugend um ihrer selbst willen erstrebt werden muß und daß es nichts gibt, was vortrefflicher und uns nützlicher wäre, um dessentwillen man es erstreben müßte, als eben sie. Drittens folgt, daß diejenigen, welche sich selbst das Leben nehmen, in ihrem Gemüt unvermögend sind und daß sie von äußeren Ursachen, die ihrer Natur widerstreben, gänzlich bezwungen werden. Ferner folgt, daß wir es niemals dahin bringen können, für die Erhaltung unseres Seins nichts außerhalb unserer selbst zu bedürfen und so zu leben, daß wir keinen Verkehr haben mit den Dingen, die außerhalb unserer selbst sind. Ziehen wir überdies unseren Geist in Betracht, so wäre sicherlich unser Verstand weniger vollkommen, wenn der Geist allein wäre und außer sich selbst nichts erkennen würde. Es gibt also vieles außerhalb unserer selbst, was uns nützlich und daher erstrebenswert ist. Unter diesen Dingen wiederum ist das denkbar Vorzüglichste das, was ganz und gar mit unserer Natur übereinstimmt. Denn wenn z. B. zwei Individuen von ganz gleicher Natur sich miteinander verbinden, so bilden sie ein Individuum, das zweimal soviel vermag wie das einzelne Individuum. Es ist daher dem Menschen nichts nützlicher als der Mensch. Nichts Vorzüglicheres, sage ich, können sich die Menschen zur Erhaltung ihres Seins wünschen, als daß alle in allem dermaßen miteinander übereinstimmen, daß gleichsam alle Geister und Körper einen Geist und einen Körper bilden und alle zugleich, soviel sie vermögen, ihr Sein zu erhalten suchen und alle zugleich für sich den gemeinsamen Nutzen aller suchen. Hieraus folgt, daß Menschen, die sich von der Vernunft regieren lassen, d. h. Menschen, die unter der Leitung der Vernunft ihren Nutzen suchen, nichts für sich verlangen, was sie nicht auch für andere Menschen begehren, und daß sie also gerecht, treu und ehrenhaft sind. Das sind jene Gebote der Vernunft, die ich hier in Kürze darlegen wollte, bevor ich beginne, sie weitläufig der Reihe nach zu beweisen. Ich habe dies getan, um mir womöglich die Aufmerksamkeit derer zu verschaffen, die glauben, daß dieses Prinzip, wonach jeder gehalten ist, seinen Nutzen zu suchen, die Grundlage des Lasters, nicht der Tugend und guten Gesinnung ist. Nachdem ich nun kurz gezeigt habe, daß sich die Sache gerade umgekehrt verhält, fahre ich fort, dies auf dem bisher beschrittenen Wege zu beweisen. [...]

Aus: Baruch de Spinoza, Die Ethik. Hrsg. von Stern/Lakebrink. Reclam Verlag, Stuttgart 1977, S. 477- 481

- ▷ Was versteht Spinoza unter Ethik oder Moral?
- ▷ In welchem Verhältnis stehen moralische Vorschriften und natürliche Antriebe zueinander?
- ▷ Nennen Sie das Grundprinzip moralischen Verhaltens!
- ▷ Warum unterliegt nach Spinoza der Selbstmörder Kräften, die von außen auf ihn einwirken?
- ▷ Warum ist der Mensch für den Menschen am nützlichsten?
- ▷ Woran zeigt sich, ob sich ein Mensch von der Vernunft leiten läßt?
- ▷ Widerspricht Spinozas Grundprinzip der Ethik wirklich anderen ethischen Theorien, die Sie kennengelernt haben?

Immanuel Kant: Freiheit als Voraussetzung menschlicher Verantwortungsfähigkeit

Immanuel Kant, geb. 1724 als Sohn eines pietistischen Sattlermeisters in Königsberg, wird allgemein als der bedeutendste Philosoph der Neuzeit betrachtet. Er wuchs in ärmlichen Verhältnissen und im beschränkten Gesichtskreis des Pietismus auf. Deshalb wurde der Kampf um die geistige Selbstbefreiung, den er später in einem berühmten Aufsatz über die Aufklärung angedeutet hat, für sein Leben bestimmend. Zunächst war er Hauslehrer, 1755 dann Dozent an der Universität seiner Heimatstadt, ab 1770 ordentlicher Professor für Philosophie, Mathematik und naturwissenschaftliche Disziplinen. Wie Thomas Hobbes entwickelte Kant seine Philosophie erst in vorgeschrittenem Alter in ihrer originalen und spezifischen Form. Er war bereits fast sechzig, als sein Hauptwerk „Kritik der reinen Vernunft" erschien. Dieses Werk und die folgenden Werke „Kritik der praktischen Vernunft" und „Kritik der Urteilskraft" enthalten eine Grundlegung der theoretischen und praktischen Philosophie sowie der Ästhetik. Auch seine Rechtsphilosophie und sein politisches Denken sind ganz von den Ideen der Aufklärung geprägt und bestimmen bis heute

die philosophische Diskussion. Als Kant 1804 starb, nahmen die Einwohner Königsbergs großen Anteil. Kant war, so erklärt Popper die große Anteilnahme, für seine Mitbürger zu einem Symbol für die Ideen der Aufklärung geworden, „und sie kamen zu seinem Begräbnis, um einem Lehrer und Verkünder der Menschenrechte ... zu danken".

Einführung

„Zwei Dinge erfüllen das Gemüt mit immer neuer und zunehmender Bewunderung und Ehrfurcht, je öfter und anhaltender sich das Nachdenken damit beschäftigt: der bestirnte Himmel über mir und das moralische Gesetz in mir." Dieser Satz aus dem Schluß der „Kritik der praktischen Vernunft" spielt auf die beiden Grundprobleme an, die Kant (1724–1804) sein Leben lang beschäftigt haben. Das eine Problem betrifft die Kosmologie: die Frage, ob die Welt räumlich und zeitlich endlich oder unendlich sei. Aus dieser kosmologischen Frage ergibt sich die erkenntnistheoretische Frage: „Was kann ich wissen?" Das andere Problem betrifft die Ethik. Das Bewußtsein, daß ich selbst für mein Handeln verantwortlich bin, wirft die Frage auf: „Was soll ich tun?"
Die Beschäftigung mit der Kosmologie führte Kant zu der Entdeckung, daß es sowohl für die Endlichkeit als auch die Unendlichkeit des Universums in räumlicher und zeitlicher Hinsicht zwingende Argumente gibt.

Aus diesem Widerstreit der Vernunft mit sich selbst (Antinomie) schloß er, daß Raum und Zeit gar nicht zur Welt an sich gehören, sondern zur Ausrüstung unseres Erkenntnisapparates. Raum und Zeit sind ein subjektives Ordnungssystem, mit dem wir unsere Wahrnehmung organisieren. Daher ist die Welt an sich völlig verschieden von der Welt, wie sie uns erscheint.

Die Richtigkeit dieser Theorie über Raum und Zeit glaubte Kant dadurch bestätigt zu finden, daß sie die Lösung für ein weiteres wichtiges Problem eröffnete: das Problem der Gültigkeit der Newtonschen Physik. Von ihrer Wahrheit war Kant ebenso überzeugt wie alle zeitgenössischen Physiker. Die Wahrheit dieser Physik konnte aber nicht nur auf Beobachtungen beruhen, weil die Allgemeinheit und Notwendigkeit ihrer theoretischen Aussagen weit über das hinausgeht, was sich aufgrund von Beobachtungen aussagen läßt. Um den Wahrheitsgrund der Newtonschen Physik zu finden, griff Kant auf eine Wissenschaft zurück, die ebenfalls streng allgemeine und notwendige Aussagen macht: die euklidische Geometrie. Sie beruht nicht, sagt er, auf Beobachtungen, sondern auf unserem intuitiven Verständnis räumlicher Beziehungen. Ganz ähnlich verhält es sich mit Newtons Physik. Wohl bestätigen Beobachtungen ihre Voraussagen, aber sie ist nicht das Ergebnis von Beobachtungen, sondern das Resultat einer Beobachtungen ordnenden und verknüpfenden Tätigkeit unseres Verstandes. Substanzialität, Kausalität, Wechselwirkung und andere physikalische Begriffe sind Leistungen unseres Verstandes. „Der Verstand", sagt Kant, „schöpft seine Gesetze ... nicht aus der Natur, sondern schreibt sie dieser vor". Kant macht also den erkennenden Menschen zum Gesetzgeber der Natur. Wissenschaftliche Theorien sind eine aktive und schöpferische Leistung; sie sind keineswegs das Resultat eines passiven Sammelns und Beschreibens von Daten.

Ebenso macht Kant den handelnden Menschen zum Gesetzgeber der Moral. Sittlich gut ist nicht länger der Gehorsam gegenüber einer Autorität (Heteronomie), selbst dann nicht, wenn sie ein Gott wäre. Gut ist allein, sein Handeln selbst aus der Vernunft zu bestimmen (Autonomie). In der Autonomie oder der Selbstgesetzgebung des Willens besteht die Freiheit des Menschen. Sie allein kann die Sittlichkeit begründen. Mit Kant hat also die Jahrtausende alte Ethik des Herrschens und Dienens ausgedient. An ihre Stelle tritt die Ethik der Freiheit und Gleichheit. Soziologisch läßt sich der Übergang vom Herrschen und Dienen zur Freiheit und Gleichheit vielleicht erklären mit dem Übergang von einer Agrargesellschaft, in der wenige Privilegierte über knappe Güter verfügen, zu einer industriellen Gesellschaft, in der allgemeiner Wohlstand herrscht. Wichtiger aber als der soziale Hintergrund ist der ethische Sinn von Freiheit und Gleichheit. Diesen legt Kant im ersten Textauszug dar.

Zwecke, die ich anstrebe, betrachte ich als gut und nützlich für mich. Ob sie wertvoll sind oder nicht, das hängt von meinen äußeren Umständen und meinem inneren Befinden ab. Alle Zwecke, die natürlichen Bedürfnissen entspringen, haben einen solchen subjektiven und relativen Wert. Nur wenn ich sie als gut für mich beurteile und deshalb erreichen möchte, muß ich die geeigneten Mittel anwenden – sonst nicht! Aus relativen Zwecken folgen

also lediglich hypothetische, d. h. bedingt gebietende Imperative. Kein solcher Zweck kann zum Grund einer Ethik gemacht werden, weil sich sofort die Frage stellen würde: Warum sollte ich diesen Zweck oder Wert anstreben oder anerkennen? Wenn es aber einen Zweck an sich selbst, einen absoluten Wert geben sollte, so wäre er unabhängig von meinen natürlichen Bedürfnissen gut und wertvoll. Dieser Wert würde alle Menschen unbedingt verpflichten und wäre durch keinen höheren zu suspendieren. Nach Kant gibt es einen solchen absoluten Wert oder Zweck an sich selbst tatsächlich: Es ist die eigene Freiheit und die Freiheit der Mitmenschen. Aus diesem absoluten Wert folgt der kategorische, d. h. unbedingt gebietende Imperativ: Behandle dich selbst als verantwortlich für deine Entscheidungen und achte und schütze die Entscheidungsfreiheit anderer!
Kants Ethik der Freiheit scheint aber ein unlösbares Problem aufzuwerfen. Newtons Physik legte eine deterministische Deutung aller Vorgänge und Ereignisse in der Natur nahe. Mußte dann nicht auch der Mensch als Teil der Natur in seinem Handeln determiniert sein? Dieses Problem behandelt der zweite Textauszug. Sofern sich der Mensch unter einem wissenschaftlichen Gesichtspunkt betrachtet, ist er ein Teil der physikalischen Welt. Sein Verhalten erscheint ihm von inneren Antrieben gesteuert und von äußeren Faktoren wie Erziehung und sozialem Umgang beeinflußt. Aus wissenschaftlicher Sicht versteht sich der Mensch als kausal determiniert, und deshalb kann er sein Verhalten analysieren. Vom moralischen Standpunkt aus erlebe ich mich aber als selbst verantwortlich für mein Handeln und weiß, daß ich diese Verantwortung tragen muß. Obwohl sich die beiden Gesichtspunkte ausschließen, sind beide notwendig; denn der Mensch gehört sowohl zur materiellen wie zur moralischen Welt. Über sich hat er den bestirnten Himmel und in sich das moralische Gesetz.
Wie kein Philosoph vor oder nach ihm beeinflußt Kant die philosophische Diskussion über die Ethik in der Gegenwart. Seine Kritiker sehen Kants Bedeutung in den Problemen, die er gestellt, seine Anhänger in den Lösungen, die er für diese Probleme gefunden hat.

Noch zu Lebzeiten Kants erschütterten zwei politische Ereignisse, die beide unter dem Banner der Freiheit marschierten, die alte feudale Verfassung der Welt: der Unabhängigkeitskrieg der nordamerikanischen Kolonien (1775–1783) und die Französische Revolution (1789).
Die Abbildung zeigt einen Stich, der kurz vor der Französischen Revolution im Volk von Hand zu Hand ging: Der unfreie Untertan muß Adel und Klerus auf seinem Rücken mitschleppen.

Immanuel Kant: **Grundlegung zur Metaphysik der Sitten**

[…] Der Wille wird als ein Vermögen gedacht, *der Vorstellung gewisser Gesetze* gemäß sich selbst zum Handeln zu bestimmen. Und ein solches Vermögen kann nur in vernünftigen Wesen anzutreffen sein. Nun ist das, was dem Willen zum objektiven Grunde seiner Selbstbestimmung dient, der *Zweck,* und dieser, wenn er durch bloße Vernunft gegeben wird, muß für alle vernünftige Wesen gleich gelten. Was dagegen bloß den Grund der Möglichkeit der Handlung enthält, deren Wirkung Zweck ist, heißt das *Mittel.* Der subjektive Grund des Begehrens ist die *Triebfeder,* der objektive des Wollens der *Bewegungsgrund;* daher der Unterschied zwischen subjektiven Zwecken, die auf Triebfedern beruhen, und objektiven, die auf Bewegungsgründe ankommen, welche für jedes vernünftige Wesen gelten. Praktische Prizipien sind *formal,* wenn sie von allen subjektiven Zwekken abstrahieren; sie sind aber *material,* wenn sie diese, mithin gewisse Triebfedern zum Grunde legen. Die Zwecke, die sich ein vernünftiges Wesen als *Wirkungen* seiner Handlung nach Belieben vorsetzt (materiale Zwecke), sind insgesamt nur relativ; denn nur bloß ihr Verhältnis auf ein besonders geartetes Begehrungsvermögen des Subjekts gibt ihnen den Wert, der daher keine allgemeinen, für alle vernünftige Wesen und auch nicht für jedes Wollen gültige und notwendige Prinzipien, d. i., praktische Gesetze, an die Hand geben kann. Daher sind alle diese relativen Zwecke nur der Grund von hypothetischen Imperativen.

Gesetzt aber, es gäbe etwas, *dessen Dasein an sich selbst* einen absoluten Wert hat, was, als *Zweck an sich selbst,* ein Grund bestimmter Gesetze sein könnte, so würde in ihm, und nur in ihm allein der Grund eines möglichen kategorischen Imperativs d. i. praktischen Gesetzes liegen. Nun sage ich: der Mensch und überhaupt jedes vernünftige Wesen *existiert* als Zweck an sich selbst, *nicht bloß als Mittel* zum beliebigen Gebrauche für diesen oder jenen Willen, sondern muß in allen seinen sowohl auf sich selbst als auch auf andere vernünftige Wesen gerichteten Handlungen jederzeit *zugleich als Zweck* betrachtet werden. Alle Gegenstände der Neigungen haben nur einen bedingten Wert; denn wenn die Neigungen und darauf gegründete Bedürfnisse nicht wären, so würde ihr Gegenstand ohne Wert sein. Die Neigungen selber aber, als Quellen der Bedürfnisse, haben so wenig einen absoluten Wert, um sie selbst zu wünschen, daß vielmehr gänzlich davon frei zu sein, der allgemeine Wunsch eines jeden vernünftigen Wesens sein muß. Also ist der Wert aller durch unsere Handlung *zu erwerbenden* Gegenstände jederzeit bedingt. Die Wesen, deren Dasein zwar nicht auf unserem Willen, sondern der Natur beruht, haben dennoch, wenn sie vernunftlose Wesen sind, nur einen relativen Wert, als Mittel, und heißen daher *Sachen,* dagegen vernünftige Wesen *Personen* genannt werden, weil ihre Natur sie schon als Zwecke an sich selbst, d. i. als etwas, das nicht bloß als Mittel gebraucht werden darf, auszeichnet, mithin sofern alle Willkür einschränkt (und ein Gegenstand der Achtung ist). Dies sind also nicht bloß subjektive Zwecke, deren Existenz als Wirkung unserer Handlung *für uns* einen Wert hat: sondern *objektive Zwecke,* d. i. Dinge, deren Dasein an sich selbst Zweck ist, und zwar ein solcher, an dessen Statt kein anderer Zweck gesetzt werden kann, dem sie *bloß* als Mittel zu Diensten stehen sollten, weil ohne dieses überall gar nichts von *absolutem Werte* würde angetroffen werden; wenn aber aller Wert bedingt, mithin zufällig wäre, so könnte für die Vernunft überall kein oberstes praktisches Prinzip angetroffen werden.

Wenn es denn also ein oberstes praktisches Prinzip und in Ansehung des menschlichen Willens einen kategorischen Imperativ geben soll, so muß es ein solches sein, das aus der Vorstellung dessen, was notwendig für jedermann Zweck ist, weil es *Zweck an sich selbst* ist, ein *objektives* Prinzip des Willens ausmacht, mithin zum allgemeinen praktischen Gesetz dienen kann. Der Grund dieses Prinzips ist: *die vernünftige Natur existiert als Zweck an sich selbst.* So stellt sich notwendig der Mensch sein eigenes Dasein vor; sofern ist es also ein *subjektives* Prinzip menschlicher Handlungen. So stellt sich aber auch jedes andere vernünftige Wesen sein Dasein zufolge ebendesselben Vernunftgrundes, der auch für mich gilt, vor; also ist es zugleich ein *objektives* Prinzip, woraus als einem obersten praktischen Grunde alle Gesetze des Willens müssen abgeleitet werden können. Der praktische Imperativ wird also folgender sein: *Handle so, daß du die Menschheit, sowohl in deiner Person als in der Person eines jeden anderen, jederzeit zugleich als Zweck, niemals bloß als Mittel brauchst.* [...]

▷ Nennen und erläutern Sie die beiden Bestandteile, aus denen Kant seine Definition des Willens aufbaut! Weicht diese Definition nach Ihrer Meinung von dem gewöhnlichem Begriff des Willens ab?
▷ Wie unterscheidet Kant Zweck und Mittel?
▷ Was ist der Unterschied zwischen einer Triebfeder und einem Bewegungsgrund?
▷ Was versteht Kant unter subjektiven Zwecken, und was meint er, wenn er sagt, sie seien relativ?
▷ Warum können relative Zwecke nur die Grundlage hypothetischer, d.h. bedingter Imperative sein?
▷ Nennen und erläutern Sie das Gegenstück zu den relativen Zwecken und den hypothetischen Imperativen.
▷ Warum ist der Wert aller durch unser Handeln zu erwerbenden Gegenstände bedingter Art?
▷ Worin unterscheiden sich nach Kant Sachen von Personen?
▷ Was ist die Grundlage des Sittengesetzes, und welches Gebot läßt sich von ihr ableiten?
▷ Geben Sie dieses Gebot in Ihren eigenen Worten wieder. Diskutieren Sie es an einem konkreten Beispiel.
▷ Bei welchen beiden historischen Ereignissen zu Lebzeiten Kants ging es um die politische Verwirklichung dieses Gebotes?
▷ Welcher Artikel unserer Verfassung bezieht sich auf dieses Gebot?
▷ Wie beurteilen Sie die Bedeutung des kantischen Ansatzes für unsere Zeit?

Die Ethik Immanuel Kants

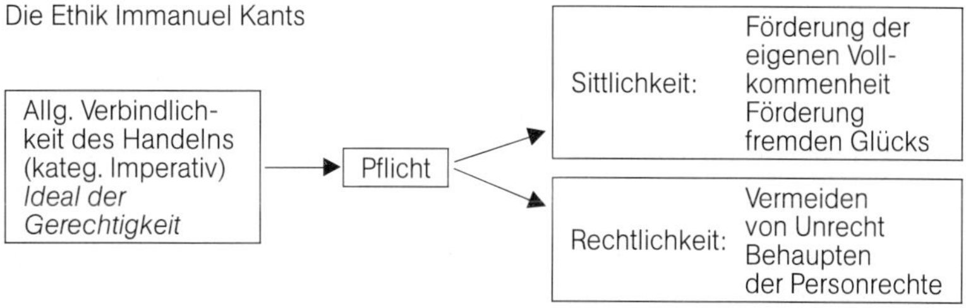

Kant: Von der äußersten Grenze aller praktischen Philosophie

Alle Menschen denken sich dem Willen nach als frei. Daher kommen alle Urteile über Handlungen als solche, die hätten *geschehen sollen,* ob sie gleich *nicht geschehen sind.* Gleichwohl ist diese Freiheit kein Erfahrungsbegriff und kann es auch nicht sein, weil er immer bleibt, obgleich die Erfahrung das Gegenteil von denjenigen Forderungen zeigt, die unter Voraussetzung derselben als notwendig vorgestellt werden. Auf der anderen Seite ist es ebenso notwendig, daß alles, was geschieht, nach Naturgesetzen unausbleiblich bestimmt sei, und diese Naturnotwendigkeit ist auch kein Erfahrungsbegriff, ebendarum weil er den Begriff der Notwendigkeit, mithin einer Erkenntnis *a priori* bei sich führt. Aber dieser Begriff von einer Natur wird durch Erfahrung bestätigt und muß selbst unvermeidlich vorausgesetzt werden, wenn Erfahrung, d. i. nach allgemeinen Gesetzen zusammenhängende Erkenntnis der Gegenstände der Sinne möglich sein soll. Daher ist Freiheit nur eine *Idee* der Vernunft[1], deren objektive Realität an sich zweifelhaft ist, Natur aber ein *Verstandesbegriff,* der seine Realität an Beispielen der Erfahrung beweist und notwendig beweisen muß.
Ob nun gleich hieraus eine Dialektik der Vernunft entspringt, da in Ansehung des Willens die ihm beigelegte Freiheit mit der Naturnotwendigkeit im Widerspruch zu stehen scheint, und bei dieser Wegescheidung die Vernunft in *spekulativer Absicht* den Weg der Naturnotwendigkeit viel gebahnter und brauchbarer findet als den der Freiheit: so ist doch in *praktischer Absicht* der Fußsteig der Freiheit der einzige, auf welchem es möglich ist, von seiner Vernunft bei unserem Tun und Lassen Gebrauch zu machen; daher wird es der subtilsten Philosophie ebenso unmöglich wie der gemeinsten Menschenvernunft, die Freiheit wegzuvernünfteln. Diese muß also wohl voraussetzen, daß kein wahrer Widerspruch zwischen Freiheit und Naturnotwendigkeit ebenderselben menschlichen Handlungen angetroffen werde; denn sie kann ebenso wenig den Begriff der Natur als den der Freiheit aufgeben.
Indessen muß dieser Scheinwiderspruch wenigstens auf überzeugende Art vertilgt werden, wenn man gleich, wie Freiheit möglich sei, niemals begreifen könnte. Denn wenn sogar der Gedanke von der Freiheit sich selbst oder der Natur, die ebenso notwendig ist, widerspricht, so müßte sie gegen die Naturnotwendigkeit durchaus aufgegeben werden.
Es ist aber unmöglich, diesem Widerspruch zu entgehen, wenn das Subjekt, was sich frei dünkt, sich selbst *in demselben Sinne oder in ebendemselben Verhältnisse* dächte, wenn es sich frei nennt, als wenn es sich in Absicht auf die nämliche Handlung dem Naturgesetze unterworfen annimmt. Daher ist es eine unnachlaßliche Aufgabe der spekulativen Philosophie, wenigstens zu zeigen, daß ihre Täuschung wegen des Widerspruchs darin beruhe, daß wir den Menschen in einem anderen Sinne und Verhältnisse denken, wenn wir ihn frei nennen, als wenn wir ihn als Stück der Natur dieser ihren Gesetzen für unterworfen halten, und daß beide nicht allein gar wohl beisammen stehen *können,* sondern auch als *notwendig vereinigt* in demselben Subjekt gedacht werden müssen, weil sonst nicht Grund angegeben werden könnte, warum wir die Vernunft mit einer Idee belästigen sollten, die, ob sie sich gleich *ohne Widerspruch* mit einer anderen, genugsam bewährten vereinigen läßt, dennoch uns in ein Geschäft verwickelt, wodurch die Vernunft in ihrem theoretischen Gebrauche sehr in die Enge gebracht wird.

Diese Pflicht liegt aber bloß der spekulativen Philosophie ob, damit sie der praktischen freie Bahn schaffe. Also ist es nicht in das Belieben des Philosophen gesetzt, ob er den scheinbaren Widerstreit heben oder ihn unangerührt lassen will; denn im letzteren Falle ist die Theorie hierüber *bonum vacans [verwaistes Gut]*, in dessen Besitz sich der Fatalist mit Grunde setzen und alle Moral aus ihrem ohne Titel besessenen vermeinten Eigentum verjagen kann.
Doch kann man hier noch nicht sagen, daß die Grenze der praktischen Philosophie anfange. Denn jene Beilegung der Streitigkeit gehört gar nicht ihr zu, sondern sie fordert nur von der spekulativen Vernunft, daß diese die Uneinigkeit, darin sie sich in theoretischen Fragen selbst verwickelt, zu Ende bringe, damit praktische Vernunft Ruhe und Sicherheit für äußere Angriffe habe, die ihr den Boden, worauf sie sich anbauen will, streitig machen könnten.
Der Rechtsanspruch aber selbst der gemeinen Menschenvernunft auf Freiheit des Willens gründet sich auf das Bewußtsein und die zugestandene Voraussetzung der Unabhängigkeit der Vernunft von bloß subjektiv-bestimmenden Ursachen, die insgesamt das ausmachen, was bloß zur Empfindung, mithin unter die allgemeine Benennung der Sinnlichkeit gehört. Der Mensch, der sich auf solche Weise als Intelligenz betrachtet, setzt sich dadurch in eine andere Ordnung der Dinge und in ein Verhältnis zu bestimmenden Gründen von ganz anderer Art, wenn er sich als Intelligenz mit einem Willen, folglich mit Kausalität begabt denkt, als wenn er sich wie ein Phänomen in der Sinnenwelt (welches er wirklich auch ist) wahrnnimmt und seine Kausalität äußerer Bestimmung nach Naturgesetzen unterwirft. Nun wird er bald inne, daß beides zugleich stattfinden könne, ja sogar müsse. Denn daß ein *Ding in der Erscheinung* (das zur Sinnenwelt gehörig) gewissen Gesetzen unterworfen ist, von welchem ebendasselbe *als Ding* oder Wesen *an sich selbst* unabhängig ist, enthält nicht den mindesten Widerspruch; daß er sich selbst aber auf diese zwiefache Art vorstellen und denken müsse, beruht, was das erste betrifft, auf dem Bewußtsein seiner selbst als durch Sinne affizierten Gegenstandes, was das zweite anlangt, auf dem Bewußtsein seiner selbst als Intelligenz, d. i. als unabhängig im Vernunftgebrauch von sinnlichen Eindrücken (mithin als zur Verstandeswelt gehörig).

Aus: Immanuel Kant, Grundlegung zur Metaphysik der Sitten. Hrsg. von Karl Vorländer, Verlag Felix Meiner, Hamburg 1965, S. 50–52, 81–84.

[1] Idee der Vernunft: Begriffe der Vernunft, deren Gegenstand jenseits der Erfahrung liegt, die aber gleichwohl nicht erdichtet sind. Die Freiheit gehört wie Gott und Unsterblichkeit zu den sog. metaphysischen Ideen, die zwar nicht theoretisch bewiesen werden können, aber vor der praktischen Vernunft zu rechtfertigen sind.

▷ Warum setzen moralische Handlungen die Freiheit des Willens voraus?
▷ Weshalb scheint die Erfahrung die Freiheit des Willens zu widerlegen?
▷ Welche Aufgabe fällt der Philosophie bei dem scheinbaren Widerstreit zwischen Freiheit und Naturnotwendigkeit zu, und warum darf sie dieser Aufgabe nicht ausweichen?
▷ Worauf beruht die vom Alltagsverstand vorausgesetzte Freiheit des Willens?
▷ Auf welche Weise räumt Kant den scheinbaren Widerspruch zwischen Freiheit und Determination aus? Stellt die Lösung Sie zufrieden?
▷ Durch welche wissenschaftliche Entwicklung hat sich inzwischen das kantische Problem von Determination und Freiheit theoretisch entschärft? Zeigen Sie an einem Beispiel, daß es dennoch in der Praxis von unverminderter Bedeutung ist.

Arthur Schopenhauer: Die Entstehung der Ethik aus dem Gefühl des Mitleids

Arthur Schopenhauer wurde 1788 als Sohn eines wohlhabenden Kaufmanns in Danzig geboren. Seine Mutter war die Schriftstellerin Johanna Schopenhauer, deren Haus in Weimar später zu einem geistigen und gesellschaftlichen Mittelpunkt wurde, wo Goethe, Wieland, die beiden Schlegel und viele andere verkehrten. Nach dem Studium der Naturwissenschaften und der Philosophie promovierte er in Jena und habilitierte sich 1820 in Berlin. Er legte seine Lehrveranstaltungen so, daß sie mit denen Hegels zusammenfielen, und zwar in der Annahme, daß die Hörer zu ihm kommen würden. Als das Gegenteil eintrat, zog sich Schopenhauer verärgert aus der Universitätslaufbahn zurück und ließ sich 1831 in Frankfurt a. M. nieder. Sein Hauptwerk „Die Welt als Wille und Vorstellung", das 1819 erschien, blieb zunächst völlig unbeachtet. Erst das Erscheinen seiner „Parerga und Paralipomena" (1851), die u. a. die berühmten „Aphorismen zur Lebensweisheit" enthalten, brachten ihm die lang ersehnte Anerkennung. Er starb 1860 in Frankfurt.

Einführung

Im abendländischen Denken wird die Ethik aus der Vernunft oder dem Verstand begründet. Sokrates betont die Verantwortung des einzelnen für die Gemeinschaft der Bürger; Hobbes zeigt, wie vorteilhaft der Staat für den einzelnen ist. Die Verantwortung des einzelnen für die Gemeinschaft setzt die Wahrnehmung des Ganzen durch den einzelnen voraus, d. i. Vernunft; die Unterwerfung des einzelnen unter die staatliche Autorität beruht auf dem langfristigen Vorteil, den er sich verspricht, d. i. Verstand. Mit dieser rationalen – vernünftigen oder verständigen – Begründung der Ethik bricht Schopenhauer (1788–1860). Nach ihm entspringt ethisches Verhalten einem spezifischen Gefühl.

Normalerweise bin ich in all meinem Tun und Lassen vom Egoismus getrieben, d. h. es geht mir allein um mein Wohl und Wehe. Glück und Unglück der anderen läßt mich bestenfalls gleichgültig, häufiger aber macht mich das eine neidisch und das andere schadenfroh. Grausame Menschen legen es sogar auf das Quälen anderer an, um sich an ihrem Leiden zu erfreuen. Es gibt aber, sagt Schopenhauer, ein Gefühl, in dem die Trennung zwischen mir und dem anderen schwindet. Dieses Gefühl ist das Mitleid. Hier fallen die Schranken zwischen den Individuen; denn im Mitleid empfinde ich das fremde Leiden als eigenes Leiden. Diese Empfindung stellt sich unmittelbar und unwillkürlich ein, und zwar nicht nur bei befreundeten Menschen, sondern auch bei völlig unbekannten. Das deutet darauf hin, daß ich im Mitleid mit den Menschen allgemein, ja sogar mit der leidenden Kreatur überhaupt empfinde. Wie der Egoismus die Quelle des Bösen ist, so entspringt aus dem Mitleid das Gute, d. h. das uneigennützige Handeln. Das Mitleid ist die gemeinsame Wurzel für die beiden Tugenden Gerechtigkeit und Menschenliebe.

Warum Schopenhauer das Mitleid zur Grundlage der Moral macht, läßt sich nur aufgrund seiner Metaphysik verstehen. Metaphysik ist die Erklärung der Welt aus einem Prinzip oder wenigen Prinzipien. Auf welches Prinzip lassen sich alle Dinge zurückführen, oder welches Prinzip zeigt sich durchgängig in allen Dingen? Um Schopenhauers Antwort auf diese Frage zu verstehen, muß man an die Unterscheidung von Erscheinung und Ding an sich anknüpfen, die er von Kant übernimmt.

Die Dinge erscheinen uns nach Kant in gewissen Formen und Begriffen, die unser Erkenntnisapparat ihnen aufprägt. Raum, Zeit und Kausalität sind ein solches subjektives Ordnungssystem, in dem wir die Wirklichkeit erfassen. Die Dinge, wie wir sie erkennen, d. h. die Erscheinungen, sind also völlig verschieden von den Dingen, wie sie an sich sind. Doch schon von Dingen an sich zu sprechen ist, streng genommen, unzulässig, da der Plural bereits Mannigfaltigkeit in Raum und Zeit unterstellt; Raum und Zeit gehören aber gerade nicht zur Wirklichkeit an sich.

Während Kant erklärt, das Ding an sich sei völlig unerkennbar, fragt Schopenhauer, was das allen Erscheinungen zugrunde liegende Ding an sich sei. Seine Antwort lautet: Es ist der ewig sich selbst erzeugende und nie sich zufriedengebende Wille, der sich uns in der Erkenntnis oder Vorstellung als Vielfalt der Erscheinungen zeigt. So sei z. B. die körperliche Bewegung die Erscheinung, der ein Willensakt zugrunde liege, und der Körper eine der vielen Erscheinungsweisen der Realität des Willens. Die Trennung und der Unterschied der Körper und allgemein der Dinge gehört zu unserer Vorstellung von ihnen; an sich sind sie alle eins. Es ist diese Einheit aller Dinge in einem Organisches und Anorganisches umfassenden Willen, die im Mitleid hervorscheint. So entlarvt das Mitleid die Trennung und Verschiedenheit der Individuen als bloße Täuschung und macht die reale Einheit der Welt fühlbar.

Schopenhauers Beitrag für die Ethik liegt in dem Vorzug, den er einem Gefühl vor der Vernunft und dem Verstand gibt. Im Mitleid sieht er das Gefühl, das uns vor aller Überlegung zu ethischem Handeln motiviert.

Die Ethik Arthur Schopenhauers

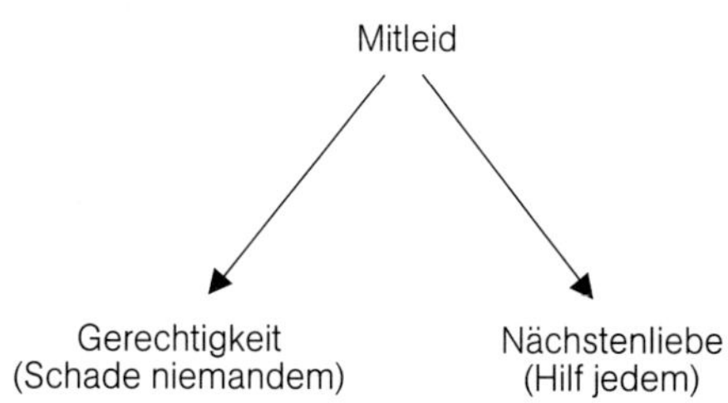

Arthur Schopenhauer: **Aufstellung und Beweis der allein echten moralischen Triebfelder**

Nach den bisherigen, unumgänglich nötigen Vorbereitungen komme ich zur Nachweisung der wahren, allen Handlungen von echtem moralischem Wert zum Grunde liegenden Triebfeder, und als diese wird sich uns eine solche ergeben, welche durch ihren Ernst und durch ihre unzweifelbare Realität gar weit absteht von allen den Spitzfindigkeiten, Klügeleien, Sophismen, aus der Luft gegriffenen Behauptungen und apriorischen Seifenblasen, welche die bisherigen Systeme zur Quelle des moralischen Handelns und zur Grundlage der Ethik haben machen wollen. Da ich diese moralische Triebfeder nicht etwa zur beliebigen Annahme *vorschlagen*, sondern als die allein mögliche wirklich *beweisen* will, dieser Beweis aber die Zusammenfassung vieler Gedanken erfordert; so stelle ich einige Prämissen voran, welche die Voraussetzungen der Beweisführung sind und gar wohl als *Axiomata* gelten können, bis auf die zwei letzten, die sich auf oben gegebene Auseinandersetzungen berufen.

1) Keine Handlung kann ohne zureichendes Motiv geschehn; so wenig, als ein Stein ohne zureichenden Stoß, oder Zug, sich bewegen kann.

2) Ebensowenig kann eine Handlung, zu welcher ein für den Charakter des Handelnden zureichendes Motiv vorhanden ist, unterbleiben, wenn nicht ein stärkeres Gegenmotiv ihre Unterlassung notwendig macht.

3) Was den Willen bewegt, ist allein Wohl und Wehe überhaupt und im weitesten Sinne des Worts genommen; wie auch umgekehrt Wohl und Wehe bedeutet „einem Willen gemäß, oder entgegen". Also muß jedes Motiv eine Beziehung auf Wohl oder Wehe haben.

4) Folglich bezieht jede Handlung sich auf ein für Wohl und Wehe empfängliches Wesen, als ihren letzten Zweck.

5) Dieses Wesen ist entweder der Handelnde selbst, oder ein anderer, welcher alsdann bei der Handlung *passive* beteiligt ist, indem sie zu seinem Schaden, oder zu seinem Nutz und Frommen geschieht.

6) Jede Handlung, deren letzter Zweck das Wohl und Wehe des Handelnden selbst ist, ist eine *egoistische.*

7) Alles hier von Handlungen Gesagte gilt ebensowohl von Unterlassung solcher Handlungen, zu welchen Motiv und Gegenmotiv vorliegt.

8) Infolge der im vorhergehenden Paragraphen gegebenen Auseinandersetzung schließen *Egoismus* und *moralischer Wert* einer Handlung einander schlechthin aus. Hat eine Handlung einen egoistischen Zweck zum Motiv; so kann sie keinen moralischen Wert haben: soll eine Handlung moralischen Wert haben; so darf kein egoistischer Zweck, unmittelbar oder mittelbar, nahe oder fern, ihr Motiv sein.

9) Infolge der § 5 vollzogenen Elimination der vorgeblichen Pflichten gegen uns selbst, kann die moralische Bedeutsamkeit einer Handlung nur liegen in ihrer Beziehung auf andere: nur in Hinsicht auf diese kann sie moralischen Wert, oder Verwerflichkeit haben und demnach eine Handlung der Gerechtigkeit, oder Menschenliebe, wie auch das Gegenteil beider sein.

Aus diesen Prämissen ist folgendes evident: Das *Wohl und Wehe,* welches (laut Prämisse 3) jeder Handlung, oder Unterlassung, als letzter Zweck zum Grunde liegen muß, ist entweder das des Handelnden selbst, oder das irgendeines andern, bei der Handlung passive Beteiligten. *Im ersten Falle* ist die Handlung notwendig *egoistisch*; weil ihr ein interessiertes Motiv zum Grunde liegt. Dies ist nicht bloß der Fall bei Handlungen, die man offenbar zu seinem eigenen Nutzen und Vorteil unternimmt, dergleichen die allermeisten sind; sondern es tritt ebensowohl ein, sobald man von einer Handlung irgendeinen entfernten Erfolg, sei es in dieser, oder einer andern Welt, *für sich* erwartet; oder wenn man dabei seine Ehre, seinen Ruf bei den Leuten, die Hochachtung irgend jemandes, die Sympathie der Zuschauer u. dgl. m. im Auge hat; nicht weniger, wenn man durch diese Handlung eine Maxime aufrechtzuerhalten beabsichtigt, von deren allgemeiner Befolgung man eventualiter einen Vorteil *für sich selbst* erwartet, wie etwa die der Gerechtigkeit, des allgemeinen hülfreichen Beistandes usw. – ebenfalls, wenn man irgendeinem absoluten Gebot, welches von einer zwar unbekannten, aber doch offenbar überlegenen Macht ausginge, Folge zu leisten für geraten hielte; da alsdann nichts anderes, als *die Furcht* vor den nachteiligen Folgen des *Ungehorsams*, wenn sie auch bloß allgemein und unbestimmt gedacht werden, dazu bewegen kann; – desgleichen, wenn man seine eigene hohe Meinung von sich selbst, seinem Werte oder Würde, deutlich oder undeutlich begriffen, die man außerdem aufgeben müßte und dadurch seinen Stolz gekränkt sähe, durch irgendeine Handlung, oder Unterlassung zu behaupten trachtet; – endlich auch, wenn man, nach Wolffischen Prinzipien, dadurch an seiner eigenen Vervollkommnung arbeiten will. Kurzum, man setze zum letzten Beweggrund einer Handlung, was man wolle; immer wird sich ergeben, daß, auf irgendeinem Umwege, zuletzt *das eigene Wohl und Wehe des Handelnden* die eigentliche Triebfeder, mithin die Handlung *egoistisch*, folglich *ohne moralischen Wert* ist. Nur einen einzigen Fall gibt es, in welchem dies nicht statthat: nämlich wenn der letzte Beweggrund zu einer Handlung oder Unterlassung, geradezu und ausschließlich im *Wohl und Wehe* irgendeines dabei passive beteiligten *andern* liegt, also der aktive Teil bei seinem Handeln, oder Unterlassen, ganz allein das Wohl und Wehe eines *andern* im Auge hat und durchaus nichts bezweckt, als daß jener andere unverletzt bleibe, oder gar Hülfe, Beistand und Erleichterung erhalte. *Dieser Zweck allein* drückt einer Handlung, oder Unterlassung, den Stempel des *moralischen Wertes* auf; welcher demnach ausschließlich darauf beruht, daß die Handlung bloß zu Nutz und Frommen *eines andern* geschehe, oder unterbleibe. Sobald nämlich dies *nicht* der Fall ist; so kann das *Wohl und Wehe*, welches zu *jeder* Handlung treibt, oder von ihr abhält, nur das *des Handelnden selbst* sein: dann aber ist die Handlung, oder Unterlassung, allemal *egoistisch*, mithin *ohne moralischen Wert*. Wenn nun aber meine Handlung ganz allein *des andern wegen* geschehn soll; so muß *sein Wohl und Wehe unmittelbar mein Motiv* sein: so wie bei allen andern Handlungen *das meinige* es ist. Dies bringt unser Problem auf einen engern Ausdruck, nämlich diesen: wie ist es irgend möglich, daß das Wohl und Wehe *eines andern*, unmittelbar, d. h. ganz so wie sonst nur mein eigenes, meinen Willen bewege, also direkt mein Motiv werde, und sogar es bisweilen in dem Grade werde, daß ich demselben mein eigenes Wohl und Wehe, diese sonst alleinige Quelle meiner Motive, mehr oder weniger nachsetze? – Offenbar nur dadurch, daß jener andere *der letzte Zweck* meines Willens wird, ganz so wie sonst ich selbst es bin; also dadurch, daß ich ganz unmittelbar *sein* Wohl will und *sein* Wehe nicht will, so unmittelbar, wie sonst nur *das meinige*. Dies aber setzt notwendig voraus, daß ich bei *seinem* Wehe als solchem geradezu mitleide, *sein*

Wehe fühle, wie sonst nur meines, und deshalb sein Wohl unmittelbar will, wie sonst nur meines. Dies erfordert aber, daß ich auf irgendeine Weise *mit ihm identifiziert* sei, d. h. daß jener gänzliche *Unterschied* zwischen mir und jedem andern, auf welchem gerade mein Egoismus beruht, wenigstens in einem gewissen Grade aufgehoben sei. Da ich nun aber doch nicht *in der Haut* des andern stecke, so kann allein vermittelst der *Erkenntnis*, die ich von ihm habe, d. h. der Vorstellung von ihm in meinem Kopf, ich mich so weit mit ihm identifizieren, daß meine Tat jenen Unterschied als aufgehoben ankündigt. Der hier analysierte Vorgang aber ist kein erträumter, oder aus der Luft gegriffener, sondern ein ganz wirklicher, ja, keineswegs seltener: es ist das alltägliche Phänomen des *Mitleids*, d. h. der ganz unmittelbaren, von allen anderweitigen Rücksichten unabhängigen *Teilnahme* zunächst am *Leiden* eines andern und dadurch an der Verhinderung oder Aufhebung dieses Leidens, als worin zuletzt alle Befriedigung und alles Wohlsein und Glück besteht. Dieses Mitleid ganz allein ist die wirkliche Basis aller *freien* Gerechtigkeit und aller *echten* Menschenliebe. Nur sofern eine Handlung aus ihm entsprungen ist, hat sie moralischen Wert: und jede aus irgend welchen andern Motiven hervorgehende hat keinen. Sobald dieses Mitleid rege wird, liegt mit das Wohl und Wehe des andern unmittelbar am Herzen, ganz in derselben Art, wenn auch nicht stets in demselben Grade, wie sonst allein das meinige: also ist jetzt der Unterschied zwischen ihm und mir kein absoluter mehr. Allerdings ist dieser Vorgang erstaunenswürdig, ja, mysteriös. Er ist, in Wahrheit, das große Mysterium der Ethik, ihr Urphänomen und der Grenzstein, über welchen hinaus nur noch die metaphysische Spekulation einen Schritt wagen kann. Wir sehn, in jenem Vorgang, die Scheidewand, welche nach dem Lichte der Natur (wie alte Theologen die Vernunft nennen), Wesen von Wesen durchaus trennt, aufgehoben und das Nicht-Ich gewissermaßen zum Ich geworden. Übrigens wollen wir die metaphysische Auslegung des Phänomens für jetzt unberührt lassen und fürs erste sehn, ob alle Handlungen der freien Gerechtigkeit und der echten Menschenliebe wirklich aus diesem Vorgange fließen. Dann wird unser Problem gelöst sein, indem wir das letzte Fundament der Moralität in der menschlichen Natur selbst werden nachgewiesen haben, welches Fundament nicht selbst wieder ein Problem der *Ethik* sein kann, wohl aber, wie alles Bestehende *als solches, der Metaphysik*. Allein die metaphysische Auslegung des ethischen Urphänomens liegt schon über die von der Königlichen Sozietät gestellte Frage, als welche auf die Grundlage der Ethik gerichtet ist, hinaus, und kann allenfalls nur als eine beliebig zu gebende und beliebig zu nehmende Zugabe beigefügt werden. – Bevor ich nun aber zur Ableitung der Kardinaltugenden aus der aufgestellten Grundtriebfeder schreite, habe ich noch zwei wesentliche Bemerkungen nachträglich beizubringen.

1) Zum Behuf leichterer Faßlichkeit habe ich die obige Ableitung des Mitleids, als alleiniger Quelle der Handlungen von moralischem Wert, dadurch vereinfacht, daß ich die Triebfeder der *Bosheit*, als welche, uneigennützig wie das Mitleid, den fremden *Schmerz* zu ihrem letzten Zwecke macht, absichtlich außer acht gelassen habe. Jetzt aber können wir, mit Hinzuziehung derselben, den oben gegebenen Beweis vollständiger und stringenter so resümieren:

Es gibt überhaupt nur *drei Grund-Triebfedern* der menschlichen Handlungen: und allein durch Erregung derselben wirken alle irgend möglichen Motive. Sie sind:

a) Egoismus; der das eigene Wohl will (ist grenzenlos).
b) Bosheit; die das fremde Wehe will (geht bis zur äußersten Grausamkeit).
c) Mitleid; welches das fremde Wohl will (geht bis zum Edelmut und zur Großmut).

Jede menschliche Handlung muß auf eine dieser Triebfedern zurückzuführen sein; wiewohl auch zwei derselben vereint wirken können. Da wir nun Handlungen von moralischem Wert als faktisch gegeben angenommen haben; so müssen auch sie aus einer dieser Grund-Triebfedern hervorgehn. Sie können aber, vermöge Prämisse 8, nicht aus der *ersten* Triebfeder entspringen, noch weniger aus der *zweiten*; da alle aus dieser hervorgehenden Handlungen moralisch verwerflich sind, während die erste zum Teil moralisch indifferente liefert. Also müssen sie von der *dritten* Triebfeder ausgehn: und dies wird seine Bestätigung a posteriori im folgenden erhalten.

2) Die unmittelbare Teilnahme am andern ist auf sein *Leiden* beschränkt und wird nicht, wenigstens nicht direkt, auch durch sein *Wohlsein* erregt: sondern dieses an und für sich läßt uns gleichgültig. Dies sagt ebenfalls J. J. Rousseau im Emile (liv. IV.): „Première maxime: Il n'est pas dans le cœur humain, de se mettre à la place des gens, qui sont plus hereux que nous, mais seulement de ceux, qui sont plus à plaindre." etc.

Der Grund hievon ist, daß der Schmerz, das Leiden, wozu aller Mangel, Entbehrung, Bedürfnis, ja jeder Wunsch gehört, *das Positive, das unmittelbar Empfundene* ist. Hingegen besteht die Natur der Befriedigung, des Genusses, des Glücks, nur darin, daß eine Entbehrung aufgehoben, ein Schmerz gestillt ist. Diese wirken also *negativ*. Daher eben ist Bedürfnis und Wunsch die Bedingung jedes Genusses. Dies erkannte schon Plato, und nahm nur die Wohlgerüche und die Geistesfreuden auf. (De Rep., IX, p. 264 sq. Bp.) Auch Voltaire sagt: Il n'est de vrais plaisirs, qu'avec de vrais besoins[1]. Also das *Positive*, das sich durch sich selbst Kundgebende ist der Schmerz: Befriedigung und Genüsse sind das *Negative*, die bloße Aufhebung jenes erstern. Hierauf zunächst beruht es, daß nur das Leiden, der Mangel, die Gefahr, die Hülflosigkeit des andern direkt und als solche unsere Teilnahme erwecken. Der Glückliche, Zufriedene *als solcher* läßt uns gleichgültig: eigentlich weil sein Zustand ein negativer ist: die Abwesenheit des Schmerzes, des Mangels und der Not. Wir können zwar über das Glück, das Wohlsein, den Genuß anderer uns freuen: dies ist dann aber sekundär und dadurch vermittelt, daß vorher ihr Leiden und Entbehren uns betrübt hatte; oder aber auch wir nehmen teil an dem Beglückten und Genießenden, nicht *als solchem*, sondern sofern er unser Kind, Vater, Freund, Verwandter, Diener, Untertan u. dgl. ist. Aber nicht der Beglückte und Genießende *rein als solcher* erregt unsere unmittelbare Teilnahme, wie es der Leidende, Entbehrende, Unglückliche *rein als solcher* tut. Erregt doch sogar auch *für uns selbst* eigentlich nur unser Leiden, wohin auch jeder Mangel, Bedürfnis, Wunsch, ja, die Langeweile zu zählen ist, unsere Tätigkeit; während ein Zustand der Zufriedenheit und Beglückung uns untätig und in träger Ruhe läßt: wie sollte es in Hinsicht auf andere nicht ebenso sein? da ja unsere Teilnahme auf einer Identifikation mit ihnen beruht. Sogar kann der Anblick des Glücklichen und Genießenden *rein als solchen* sehr leicht unsern Neid erregen, zu welchem die Anlage in jedem Menschen liegt und welcher seine Stelle oben unter den antimoralischen Potenzen gefunden hat.

Infolge der oben gegebenen Darstellung des Mitleids als eines unmittelbaren

Motiviertwerdens durch die Leiden des andern, muß ich noch den nachmals oft wiederholten Irrtum des Cassina (Saggio analitico sulla compassione[2]; 1788; deutsch von Pockels, 1790) rügen, welcher meint, das Mitleid entstehe durch eine augenblickliche Täuschung der Phantasie, indem wir selbst uns an die Stelle des Leidenden versetzten und nun, in der Einbildung, *seine* Schmerzen an *unserer* Person zu leiden wähnten. So ist es keineswegs; sondern es bleibt uns gerade jeden Augenblick klar und gegenwärtig, daß er der Leidende ist, nicht *wir*: und geradezu *in seiner* Person, nicht in unserer, fühlen wir das Leiden, zu unserer Betrübnis. Wir leiden *mit* ihm, also *in* ihm: wir fühlen seinen Schmerz als den *seinen* und haben nicht die Einbildung, daß es der unserige sei: ja, je glücklicher unser eigener Zustand ist und je mehr also das Bewußtsein desselben mit der Lage des andern kontrastiert, desto empfänglicher sind wir für das Mitleid. Die Erklärung der Möglichkeit dieses höchst wichtigen Phänomens ist aber nicht so leicht, noch auf dem bloß psychologischen Wege zu erreichen, wie Cassina es versuchte. Sie kann nur metaphysisch ausfallen: und eine solche werde ich im letzten Abschnitt zu geben versuchen.
Jetzt aber gehe ich an die Ableitung der Handlungen von echtem moralischen Wert aus der nachgewiesenen Quelle derselben. Als die allgemeine Maxime solcher Handlungen und folglich als den obersten Grundsatz der Ethik habe ich schon im vorigen Abschnitte die Regel aufgestellt: Neminem laede; immo omnes, quantum potes, juva[3]. Da diese Maxime *zwei* Sätze enthält; so zerfallen die ihr entsprechenden Handlungen von selbst in zwei Klassen.

Aus: Arthur Schopenhauer, Preisschrift über die Grundlage der Moral. In: Schopenhauer, Werke in zwei Bänden, hrsg. von Werner Brede, Hanser Verlag, München 1977, Band 1, S. 654–661

[1](franz.) „Es gibt keine wahren Vergnügen ohne wahre Bedürfnisse“. [2] (ital.) „Analytischer Versuch über das Mitleid“. [3](lat.) „Verletze niemand; vielmehr: hilf allen, soviel du kannst“.

- ▷ Womit setzt Schopenhauer in seiner ersten Prämisse das Handeln gleich?
- ▷ Vergleichen Sie das, was Schopenhauer in seiner dritten Prämisse über Wohl und Wehe sagt, mit dem, was Eigen und Winkler über das Bewertungsschema der psychischen Information ausführen.
- ▷ Was macht nach der achten und neunten Prämisse den moralischen Wert einer Handlung aus?
- ▷ Wodurch wird uns nach Schopenhauer das Wohl und Wehe eines anderen zu einem Motiv des Handelns?
- ▷ Warum nennt Schopenhauer das Mitleid „das große Mysterium der Ethik“? Was ist daran „erstaunenswürdig, ja mysteriös“?
- ▷ Worin stimmen Bosheit und Mitleid überein?
- ▷ Warum geht die Identifikation mit dem anderen von seinem Leiden aus und nicht von seinem Wohlsein?
- ▷ Diskutieren Sie die Behauptung: „Je glücklicher unser eigener Zustand ist und je mehr also das Bewußtsein desselben mit der Lage des anderen kontrastiert, desto empfänglicher sind wir für das Mitleid.“
- ▷ Für Kant ist die Vernunft die Grundlage der Moral, für Schopenhauer ist es das Mitleid. Was fällt Ihnen an diesem Unterschied auf?

Utilitarismus: Der gesellschaftliche Nutzen als Ziel und Maßstab des Handelns

Einführung

Wie Aristoteles und Epikur, so machen auch die Utilitaristen *J. Bentham* (1748–1832) und *J. S. Mill* (1806–1873) das Streben nach Glück zur Grundlage der Ethik. Aber im Unterschied zu den antiken Philosophen beschränken sie das Glück nicht auf einen Kreis gebildeter Aristokraten, sondern beziehen die gesamte Menschheit, ja – soweit das möglich ist – die gesamte fühlende Natur ein. Bentham faßt diesen universalistischen Ansatz in der Formel zusammen: „The greatest happiness of the greatest number." Der ideengeschichtliche Hintergrund des Universalismus ist die Stoa und das Christentum, der politische eine demokratische Gesellschaft.
Nach Mill ist es die Aufgabe der Ethik, einen Maßstab zu finden, durch den sich gute und schlechte Handlungen unterscheiden lassen. Dieser Maßstab muß mit dem Endzweck des menschlichen Handelns zusammenfallen. Der Endzweck besteht in einem Leben, das möglichst frei von Schmerz und möglichst reich an verschiedenartigen Freuden ist. Dabei sind die geistigen Freuden den körperlichen überlegen, und zwar nicht nur wegen ihrer größeren Dauerhaftigkeit und Verläßlichkeit, sondern auch, weil sie Unabhängigkeit, Begeisterung und das Glück des Gelingens schenken. Außerdem stärken sie das Selbstwertgefühl, das unentbehrlich für das eigene Glück ist. Handlungen werden danach beurteilt, ob sie dem Endzweck des glücklichen Lebens nützen oder ob sie ihm schaden. Gut sind diejenigen Handlungen, die Glück und Freude mehren oder Leid und Schmerz mindern, schlecht sind solche, die das Gegenteil bewirken. Da der Utilitarismus universalistisch und nicht egoistisch oder partikularistisch ansetzt, bezieht er das Glück nicht nur auf den Handelnden selbst, sondern auf alle davon Betroffenen. Mill beruft sich ausdrücklich auf das christliche Gebot der Nächstenliebe, in dem er die utilitaristische Moral vollkommen ausgedrückt findet. Die Erfüllung der eigenen Wünsche oder die Durchsetzung der eigenen Interessen muß mit dem Gemeinschaftsinteresse in Einklang stehen. Gut ist danach die Handlung, deren Folgen dem Wohl aller Betroffenen am besten dient. Darüber hinaus soll das Individuum die allgemeine Wohlfahrt als Voraussetzung seines eigenen Wohlergehens betrachten, so daß die Förderung des allgemeinen Glücks ein unmittelbarer Handlungsantrieb für es wird. Und die Erziehung soll ein Gleichgewicht zwischen egoistischen und altruistischen Bestrebungen im Individuum erreichen.
Im Gegensatz zu Kants Pflichtethik bewertet der Utilitarismus nicht den Beweggrund oder das Motiv, sondern nur die Folge(n) oder Wirkung(en) einer Handlung. Das Motiv, sagt Mill, hat zwar sehr viel mit dem moralischen Wert des Handelnden, aber nichts mit der moralischen Richtigkeit der Handlung zu tun. (Ganz ähnlich argumentiert Konrad Lorenz gegen Kant: dieser habe nicht zwischen dem Wertmaßstab für die Beurteilung

von Menschen und dem für die Beurteilung ihrer Handlungen unterschieden.)
Wenn man zugibt, daß die Ethik notwendig ist, weil die Interessen der Menschen oft zusammenstoßen, und wenn man ferner einräumt, daß der Egoismus oft der Hauptgrund dieses Zusammenstoßes ist, dann muß man auch anerkennen, daß der Utilitarismus einen wichtigen Beitrag zur Ethik geleistet hat; denn er stellt einen klaren Maßstab für die Verfolgung der eigenen Interessen auf, durch den ich gute und schlechte Handlungen unterscheiden kann. Dieser Maßstab vermag darüber hinaus sogar solche Konflikte zu entscheiden, in denen keine egoistischen Interessen, sondern verschiedene moralische Prinzipien oder Werte zusammenstoßen. Wenn ich z. B. lügen muß, um meinem Freund in einer lebensgefährlichen Lage zu helfen, so schreibt mir das Nützlichkeitsprinzip vor, den Schaden der Lüge gegen den Nutzen der Hilfe abzuwägen. Sollte die Lüge ohne eine schwere Gefährdung anderer möglich sein, so wird sich der Utilitarist im Konflikt zwischen der Wahrhaftigkeit und der Lebensrettung gegen jene und für diese entscheiden.
Zu Recht hat Popper gegen den Utilitarismus eingewandt, daß er eine Symmetrie zwischen Freuden und Leiden annimmt, die nicht besteht. Er führt aus: „Meiner Ansicht nach enthält das menschliche Leiden einen direkten moralischen Appell, nämlich den Appell zu helfen, während keine ähnliche Nötigung besteht, das Glück oder die Freuden eines Menschen zu vermehren, dem es ohnehin gut geht [. . .]. Statt der größten Glückseligkeit für die größte Zahl sollte man – etwas bescheidener – das kleinste Maß an vermeidbarem Leiden für alle fordern; und man sollte weiterhin verlangen, daß unvermeidbares Leid – wie Hunger in Zeiten eines unvermeidlichen Mangels an Nahrungsmitteln – möglichst gleichmäßig verteilt werde [. . .]. Es trägt zur Klarheit auf dem Gebiet der Ethik wesentlich bei, wenn wir unsere Forderungen ***negativ*** (Hervorhebung von Popper) formulieren, d. h. wenn wir die Beseitigung des Leides, nicht aber die Förderung des Glücks verlangen . . ." (K. R. Popper, Der Zauber Platons, Bern 1957, S. 387 f.)
Ein weiterer Einwand gegen den Utilitarismus besagt, daß das Nützlichkeitskriterium in bestimmten Situationen ungerechtes oder unsoziales Verhalten rechtfertigt. So läßt sich z. B. die Bestrafung eines Jahrzehnte zurückliegenden Verbrechens – etwa die Ermordung von Juden durch einen Nazi – kaum mit der utilitaristischen Abschreckungstheorie, wohl aber mit der Vergeltungstheorie rechtfertigen, die auf dem Prinzip der ausgleichenden Gerechtigkeit beruht. Um solchen Einwänden zu entgehen, haben Utilitaristen wie *J. Rawls* (geb. 1921) u. a. die Unterscheidung zwischen einem Regel- und einem Handlungsutilitarismus vorgenommen. Danach rechtfertigen utilitaristische Argumente im allgemeinen nicht einzelne Handlungen, sondern Handlungsregeln – also nicht: wen soll man wie hoch bestrafen?, sondern: warum soll es überhaupt die Regel geben, daß auf Gesetzesbruch Strafe folgt? Der Regelutilitarist begründet bzw. sucht Regeln, deren allgemeine Befolgung für die allgemeine Wohlfahrt nützlich wäre. Solche Regeln sollen den einzelnen gerade von der mühevollen Aufgabe entlasten, von Fall zu Fall entscheiden zu müssen, ob eine Handlung im allgemeinen Interesse liegt oder nicht.

John Stuart Mill, geb. 1806 in London, war der älteste Sohn des englischen Philosophen und Historikers James Mill, der ein enger Freund des utilitaristischen Philosophen Bentham war. So wurde der Sohn ganz im Geiste des Utilitarismus erzogen. 1823 gründete Mill die „Utilitarian Society", die sich für Redefreiheit und das Wahlrecht der Arbeiterschaft einsetzte. Von 1823 bis 1858 stand Mill im Dienste der East India Company. Nach seiner Pensionierung hatte er verschiedene politische Ämter inne u. a. als Abgeordneter. Mill war Positivist. In seinem philosophischen Hauptwerk „System der deduktiven und induktiven Logik" erklärte er die Induktion zur alleinigen Forschungsmethode. In seinen Werken „Über die Freiheit" und „Utilitarismus" entwickelte er den Benthamschen Utilitarismus weiter. Mill starb 1873 in Avignon.

John Stuart Mill: **Der Utilitarismus** (Zweites Kapitel)

[...] Die Auffassung, für die die Nützlichkeit oder das Prinzip des größten Glücks die Grundlage des Moral ist, besagt, daß Handlungen insoweit und in dem Maße moralisch richtig sind, als sie die Tendenz haben, Glück zu befördern, und insoweit moralisch falsch, als sie die Tendenz haben, das Gegenteil von Glück zu bewirken. Unter „Glück" [happiness] ist dabei Lust [pleasure] und das Freisein von Unlust [pain], unter „Unglück" [unhappiness] Unlust und das Fehlen von Lust verstanden. Damit die von dieser Theorie aufgestellte Norm deutlich wird, muß freilich noch einiges mehr gesagt werden, insbesondere darüber, was die Begriffe Lust und Unlust einschließen sollen und inwieweit dies von der Theorie offengelassen wird. Aber solche zusätzlichen Erklärungen ändern nichts an der Lebensauffassung, auf der diese Theorie der Moral wesentlich beruht: daß Lust und das Freisein von Unlust die einzigen Dinge sind, die als Endzwecke wünschenswert sind, und daß alle anderen wünschenswerten Dinge (die nach utilitaristischer Auffassung ebenso vielfältig sind wie nach jeder anderen) entweder deshalb wünschenswert sind, weil sie selbst lustvoll sind oder weil sie Mittel sind zur Beförderung von Lust und zur Vermeidung von Unlust.
Eine solche Lebensauffassung stößt bei vielen Menschen, darunter manchen, deren Fühlen und Trachten im höchsten Maße achtenswert ist, auf eingewurzelte Abneigung. Der Gedanke, daß das Leben (wie sie sagen) keinen höheren Zweck habe als die Lust, kein besseres und edleres Ziel des Wollens und Strebens, erscheint ihnen im äußersten Grade niedrig und gemein; als eine Ansicht, die nur der Schweine würdig wäre, mit denen die Anhänger Epikurs ja schon sehr früh verächtlich gleichgesetzt wurden (und zeitgenössische Vertreter der Lehre werden gelegentlich zum Gegenstand nicht weniger höflicher Vergleiche von seiten ihrer deutschen, französischen und englischen Gegner).
Auf Angriffe dieser Art haben die Epikureer stets geantwortet, daß nicht sie, sondern ihre Ankläger es sind, die die menschliche Natur in entwürdigendem Lichte erscheinen lassen, da die Anklage ja unterstellt, daß Menschen keiner anderen Lust fähig sind als der, deren auch Schweine fähig sind. Träfe diese Unterstellung zu, wäre der Anklage nichts entgegenzuhalten, aber sie wäre dann auch keine Bezichtigung mehr. Denn wenn die Quellen der Lust für Menschen und für Schweine genau dieselben wären, müßte die Lebensregel, die für die einen gut genug ist, auch für die anderen gut genug sein. Nur deswegen wird ja die Gleichsetzung des epikureischen Lebens mit dem tierischen als entwürdigend empfun-

den, weil die Lust des Tiers der menschlichen Vorstellung von Glück nicht gerecht wird. Die Menschen haben höhere Fähigkeiten als bloß tierische Gelüste und vermögen, sobald sie sich dieser einmal bewußt geworden sind, nur darin ihr Glück zu sehen, worin deren Betätigung eingeschlossen ist. Ich möchte damit nicht behaupten, daß den Epikureern bei der Ableitung von Konsequenzen aus dem utilitaristischen Prinzip keine Fehler unterlaufen wären – im Gegenteil, keine solche Ableitung kann angemessen sein, die nicht viele stoische und christliche Elemente einbezieht. Aber wir kennen keine epikureische Lebensauffassung, die nicht den Freuden des Verstandes, der Empfindung und Vorstellungskraft sowie des sittlichen Gefühls einen weit höheren Wert zuschreibt als denen der bloßen Sinnlichkeit. Es ist allerdings einzuräumen, daß die utilitaristischen Autoren die Überlegenheit der geistigen über die körperlichen Freuden im wesentlichen nur in der größeren Dauerhaftigkeit, Verläßlichkeit, Unaufwendigkeit usw. der ersteren gesehen haben, also eher in ihren äußeren Vorteilen als in ihrer inneren Beschaffenheit. In allen diesen Punkten haben die Utilitaristen ihren Standpunkt überzeugend begründet. Aber sie hätten auch diesen anderen und sozusagen höheren Grund geltend machen können, ohne sich selbst untreu zu werden. Die Anerkennung der Tatsache, daß einige *Arten* der Freude wünschenswerter und wertvoller sind als andere, ist mit dem Nützlichkeitsprinzip durchaus vereinbar. Es wäre unsinnig anzunehmen, daß der Wert einer Freude ausschließlich von der Quantität abhängen sollte, wo doch in der Wertbestimmung aller anderen Dinge neben der Quantität auch die Qualität Berücksichtigung findet.

Fragt man mich nun, was ich meine, wenn ich von der unterschiedlichen Qualität von Freuden spreche, und was eine Freude – bloß als Freude, unabhängig von ihrem größeren Betrag – wertvoller als eine andere macht, so gibt es nur eine mögliche Antwort: von zwei Freuden ist diejenige wünschenswerter, die von allen oder nahezu allen, die beide erfahren haben – ungeachtet des Gefühls, eine von beiden aus moralischen Gründen vorziehen zu müssen –, entschieden bevorzugt wird. Wird die eine von zwei Freuden von denen, die beide kennen und beurteilen können, so weit über die andere gestellt, daß sie sie auch dann noch vorziehen, wenn sie wissen, daß sie größere Unzufriedenheit verursacht, und sie gegen noch so viele andere Freuden, die sie erfahren könnten, nicht eintauschen möchten, sind wir berechtigt, jener Freude eine höhere Qualität zuzuschreiben, die die Quantität so weit übertrifft, daß diese im Vergleich nur gering ins Gewicht fällt. Es ist nun aber eine unbestreitbare Tatsache, daß diejenigen, die mit beiden gleichermaßen bekannt und für beide gleichermaßen empfänglich sind, der Lebensweise entschieden den Vorzug geben, an der auch ihre höheren Fähigkeiten beteiligt sind. Nur wenige Menschen würden darein einwilligen, sich in eines der niederen Tiere verwandeln zu lassen, wenn man ihnen verspräche, daß sie die Befriedigungen des Tiers im vollen Umfange auskosten dürften. Kein intelligenter Mensch möchte ein Narr, kein gebildeter Mensch ein Dummkopf, keiner, der feinfühlig und gewissenhaft ist, selbstsüchtig und niederträchtig sein – auch wenn sie überzeugt wären, daß der Narr, der Dummkopf oder der Schurke mit seinem Schicksal zufriedener ist als sie mit dem ihren. Das, was sie vor ihm voraushaben, würden sie auch für die vollständigste Erfüllung all der Wünsche nicht aufgeben, die sie mit ihm gemeinsam haben. Sollte ihnen dies doch einmal in den Sinn kommen, dann nur in Fällen äußersten Unglücks, in denen sie bereit sind, fast jedes andere Schicksal in Kauf zu nehmen, wie wenig sie sich auch von ihm versprechen, nur um dem ihren zu entgehen. Ein höher begabtes Wesen verlangt mehr zu seinem Glück, ist wohl auch größeren Leidens fähig und ihm sicherlich in höherem Maße ausgesetzt als ein niedrigeres Wesen; aber trotz dieser Gefährdungen wird es niemals in jene Daseinsweise absinken wollen, die es als niedriger empfindet. Wir mögen dieses Widerstreben erklären, wie wir wollen: wir mögen es dem Stolz zuschreiben – einem Begriff, mit dem man einige der am meisten und einige der am wenigsten schätzenswerten Gefühle, deren die Menschen fähig sind, bezeichnet; wir mögen es der Freiheitsliebe und dem Streben nach Unabhängigkeit zuschreiben, woran die Stoiker appelliert und worin sie eines der wirksamsten Mittel gefunden haben, die Menschen zu diesem Widerstreben zu erziehen; der Liebe zur Macht und zur begeisterten Erregtheit, die beide darin enthalten sind. Aber am zutreffendsten wird es als ein Gefühl der Würde beschrieben, das allen Menschen in der einen oder anderen Weise und im ungefähren Verhältnis zu ihren höheren Anlagen zu eigen ist und das für die, bei denen es besonders stark ausgeprägt ist, einen so entscheidenden Teil ihre Glücks ausmacht, daß sie nichts, was mit ihm unvereinbar ist, länger als nur einen Augenblick lang zu begehren imstande sind. Wer meint, daß diese Bevorzugung des Höheren ein Opfer an Glück bedeutet – daß das höhere Wesen unter den gleichen Umständen nicht glücklicher sein könne als das niedrigere –, vermengt die zwei durchaus verschiedenen Begriffe des Glücks [happiness] und der Zufriedenheit [content]. Es ist unbestreitbar, daß ein Wesen mit geringerer Fähigkeit zum Genuß die besten Aussichten hat, voll zufriedengestellt zu werden; während ein Wesen von höheren Fähigkeiten stets das Gefühl haben wird, daß alles Glück, das es von der Welt, so wie sie beschaffen ist, erwarten kann, unvollkommen ist. Aber wenn diese Unvollkommenheiten überhaupt nur erträglich sind, kann es lernen, mit ihnen zu leben, statt die anderen zu beneiden, denen diese Unvollkommenheiten nur deshalb nicht bewußt sind, weil sie sich von den Vollkommenheiten kein Vorstellung machen können, mit denen diese verglichen werden. Es ist besser, ein unzufriedener Mensch zu sein als ein zufriedenes Schwein; besser ein unzufriedener Sokrates als ein zufriedener Narr. Und wenn der Narr oder das Schwein anderer Ansicht sind, dann deshalb, weil sie nur die eine Seite der Angelegenheit kennen. Die andere Partei hingegen kennt beide Seiten. [...]

Nach dem Prinzip des größten Glücks ist, wie oben erklärt, der letzte Zweck, bezüglich dessen und um dessentwillen alles andere wünschenswert ist (sei dies unser eigenes Wohl oder das Wohl anderer), ein Leben, das so weit wie möglich frei von Unlust und in quantitativer wie in qualitativer Hinsicht so reich wie möglich an Lust ist; wobei der Maßstab, an dem Qualität gemessen und mit der Quantität verglichen wird, die Bevorzugung derer ist, die ihrem Erfahrungshorizont nach – einschließlich Selbsterfahrung und Selbstbeobachtung – die besten Vergleichsmöglichkeiten besitzen. Indem dies nach utilitaristischer Auffassung der Endzweck des menschlichen Handelns ist, ist es notwendigerweise auch die Norm der Moral. Diese kann also definiert werden als die Gesamtheit der Handlungsregeln und Handlungsvorschriften, durch deren Befolgung ein Leben der angegebenen Art für die gesamte Menschheit im größtmöglichen Umfange erreichbar ist; und nicht nur für sie, sondern, soweit es die Umstände erlauben, für die gesamte fühlende Natur.

Gegen diese Lehre wendet sich jedoch ein anderer Kreis von Gegnern, die

behaupten, daß Glück in keiner seiner Ausprägungen ein vernünftiger Zweck menschlichen Lebens und Handelns sein könne; schon deshalb nicht, weil Glück unerreichbar sei – wobei sie voller Verachtung die Frage stellen: „Hast du überhaupt ein Recht, glücklich zu sein?", eine Frage, die Carlyle durch den Zusatz verschärft: „Welches Recht hattest du vor nicht allzu langer Zeit, überhaupt zu *sein*?" Ferner behaupten sie, daß der Mensch *ohne* Glück auskommen kann, daß alle wahrhaft edlen Menschen dies gewußt haben und all ihren Edelmut der Lektion des „Entsagens", des Verzichts, verdanken, die, gründlich gelernt und befolgt, der erste Schritt auf dem Weg zur Tugend und ihre notwendige Voraussetzung sei.
Wäre der erste dieser Einwände stichhaltig, würde er den Nerv der Sache treffen: denn wenn es den Menschen grundsätzlich verwehrt ist, Glück zu erlangen, kann Glück nicht das Ziel eines zweckbestimmten Handelns oder gar das Ziel der Moral sein – obgleich noch in diesem Falle einiges für die utilitaristische Idee spräche, da das Nützlichkeitsprinzip ja nicht nur das Streben nach Glück, sondern auch die Verhinderung und Milderung von Unglück beinhaltet; und im Falle, daß das erstere Ziel utopisch wäre, entstünde dem letzteren nur ein um so größerer Wirkungskreis und eine um so höhere Dringlichkeit, zumindest so lange, als die Menschheit es vorzieht weiterzuleben, statt ihre Zuflucht in einem kollektiven Selbstmord zu suchen, wie ihn Novalis für bestimmte Situationen empfiehlt. Wird jedoch so leichthin behauptet, daß das menschliche Leben unmöglich glücklich sein könne, ist das wenn nicht Wortklauberei, so doch eine grobe Übertreibung. Freilich: versteht man unter Glück das Fortdauern einer im höchsten Grade lustvollen Erregung, dann ist die Unerreichbarkeit von Glück nur zu offensichtlich. Der Zustand der Überschwenglichkeit hält höchstens einige Augenblicke, in einigen Fällen – mit Unterbrechungen – auch Stunden und Tage an; er ist das gelegentliche helle Auflodern der Flamme, nicht die beständige und fortdauernde Glut. Darüber waren sich die Philosophen, die die Glückseligkeit zum Endzweck des Lebens erklärten, ebenso im klaren wie die, die ihren Spott über sie ergießen. Das Glück, das sie meinten, war nicht ein Leben überschwenglicher Verzückung, sondern einzelne Augenblicke des Überschwangs inmitten eines Daseins, das wenige und schnell vorübergehende Phasen der Unlust, viele und vielfältige Freuden enthält (mit einem deutlichen Übergewicht der aktiven über die passiven) und dessen Grundhaltung es ist, nicht mehr vom Leben zu erwarten, als es geben kann. Jedem, der ein so beschaffenes Leben führen durfte, erschien die Bezeichnung Glückseligkeit als angemessen. [...]
Ich muß noch einmal auf das zurückkommen, was die Gegner des Utilitarismus nur selten zur Kenntnis nehmen wollen: daß das Glück, das den utilitaristischen Maßstab des moralisch richtigen Handelns darstellt, nicht das Glück des Handelnden selbst, sondern das Glück aller Betroffenen ist. Der Utilitarismus fordert von jedem Handelnden, zwischen seinem eigenen Glück und dem der andern mit ebenso strenger Unparteilichkeit zu entscheiden wie ein unbeteiligter und wohlwollender Zuschauer. In der goldenen Regel, die Jesus von Nazareth aufgestellt hat, finden wir den Geist der Nützlichkeitsethik vollendet ausgesprochen. Die Forderungen, sich dem andern gegenüber so zu verhalten, wie man möchte, daß er sich einem selbst gegenüber verhält, und den Nächsten zu lieben wie sich selbst, stellen die utilitaristische Moral in ihrer höchsten Vollkommenheit dar. Um sich diesem Ideal so weit wie möglich anzunähern, fordert das Nützlichkeitsprinzip erstens, daß Gesetze und gesellschaftliche Verhältnisse das Glück oder

– wie man es in der Praxis auch nennen kann – die Interessen jedes einzelnen so weit wie möglich mit dem Interesse des Ganzen in Übereinstimmung bringen; und zweitens, daß Erziehung und öffenliche Meinung, die einen so gewaltigen Einfluß auf die menschlichen Gesinnungen haben, diesen Einfluß dazu verwenden, in der Seele jedes einzelnen eine unauflösliche gedankliche Verknüpfung herzustellen zwischen dem eigenen Glück und dem Wohl des Ganzen und insbesondere zwischen dem eigenen Glück und der Gewohnheit, so zu handeln, wie es die Rücksicht auf das allgemeine Glück gebietet; so daß er nicht nur unfähig wird, die Möglichkeit eines Glücks für sich selbst mit einer Handlungsweise, die dem Gemeinwohl zuwider ist, zusammenzudenken, sondern auch so, daß ein unmittelbares Motiv zur Förderung des allgemeinen Wohls in jedem einzelnen einer der gewohnheitsmäßigen Handlungsantriebe wird und die damit verbundenen Gefühle und Gesinnungen im Bewußtsein jedes Menschen einen hervorragenden Platz einnehmen. [...]
Nicht immer kann man den Gegnern des Utilitarismus den Vorwurf machen, sie stellten ihn zu abschätzig dar. Im Gegenteil bemängeln gerade jene, die eine halbwegs angemessene Vorstellung vom uneigennützigen Charakter dieser Theorie haben, daß die Norm, die sie aufstellt, für die Menschheit zu hoch sei: man fordere zuviel, sagen sie, wenn man von den Menschen verlange, ihr einziges Handlungsmotiv solle es ein, die allgemeinen Interessen der Menschheit zu fördern. Aber dabei verkennen sie die wahre Bedeutung einer moralischen Norm und verwechseln die Handlungsregeln mit dem Handlungsmotiv. Es ist Sache der Ethik, uns zu sagen, welche Pflichten wir haben und nach welchen Kriterien wir sie bestimmen können. Aber kein System der Ethik verlangt, daß das einzige Motiv für alles, was wir tun, das Pflichtgefühl sein soll. Im Gegenteil, neunundneunzig von hundert Handlungen haben andere Motive, und das mit Recht, solange die Regel der Pflicht sie nicht verurteilt. Daß gerade dieses Mißverständnis ein Grund zur Kritik am Utilitarismus geworden ist, ist um so weniger berechtigt, als die Utilitaristen nachdrücklicher als praktisch alle andern behauptet haben, daß das Motiv zwar sehr viel mit dem moralischen Wert des Handelnden, aber nichts mit der moralischen Richtigkeit der Handlung zu tun hat. [...]

Aus: John Stuart Mill, Der Utilitarismus. Hrsg. von Dieter Birnbacher, Reclam Verlag, Stuttgart 1985

▷ Der Utilitarismus legt der Moral das Nützlichkeitsprinzip zugrunde. Was besagt dieses Prinzip? Häufig geraten verschiedene Werte miteinander in Konflikt. Läßt sich mit Hilfe dieses Prinzips ein solcher Konflikt entscheiden?
▷ Welches Argument bringen die Gegner des Utilitarismus gegen diese Lehre vor? Was spricht für ihr Argument? Wie entkräftet es Mill?
▷ Wie begründen die Utilitaristen vor Mill „die Überlegenheit der geistigen über die körperlichen Freuden“, und welches zusätzliche Argument führt Mill an? Überzeugt Sie dieses Argument?
▷ Wie definiert Mill Moral?
▷ Ist der Utilitarismus die erste Ethik, die die allgemeine Wohlfahrt zum Maßstab rechten Handelns macht?
▷ Welche politischen und pädagogischen Folgerungen sind aus der Anerkennung dieses Maßstabes zu ziehen?
▷ Geben Sie ein Beispiel dafür, daß das eigene Glück und das Wohl der Allgemeinheit miteinander in Konflikt geraten können.

John Rawls, geb. 1921, Studium in Princeton, seit 1962 Professor für Philosophie an der Harvard University in Massachussetts/USA.

John Rawls: **Zwei Auffassungen von Regeln**

Im vorliegenden Aufsatz möchte ich die Bedeutung der Unterscheidung zwischen der Rechtfertigung einer Praxis und der einer einzelnen Handlung, die unter sie fällt, darlegen, und ich möchte die logische Grundlage dieser Unterscheidung erläutern und erklären, wie es möglich ist, ihre Bedeutung nicht zu erkennen. Obschon die Unterscheidung häufig gemacht worden ist und heutzutage zum Gemeinplatz wird, bleibt die Aufgabe, jene Tendenz zu erklären, sie entweder ganz zu übersehen oder ihre Bedeutung nicht gebührend einzuschätzen.

Um die Bedeutung der Unterscheidung zu zeigen, will ich den Utilitarismus gegen jene Einwände verteidigen, die im Zusammenhang mit der Thematik des Strafens und der Verpflichtung, Versprechen zu halten, traditionell gegen ihn erhoben worden sind. Ich hoffe zu zeigen, daß man bei einem Gebrauch der fraglichen Unterscheidung den Utilitarismus so formulieren kann, daß er unsere überlegten moralischen Urteile sehr viel besser expliziert, als diese traditionellen Einwände einzuräumen scheinen. Die Bedeutung der Unterscheidung wird also durch die Art, in der sie die utilitaristische Position bekräftigt, gezeigt – ungeachtet ob diese Position voll und ganz haltbar ist oder nicht.

Um zu erklären, inwiefern die Bedeutung der Unterscheidung übersehen werden kann, will ich zwei Auffassungen von Regeln erörtern. Die eine verdeckt die Bedeutung der Unterscheidung zwischen der Rechtfertigung einer Regel oder Praxis und derjenigen einer einzelnen Handlung, die darunter fällt. Die andere Auffassung macht deutlich, warum diese Unterscheidung getroffen werden muß und worin ihre logische Grundlage besteht.

I. Die Thematik der Bestrafung – Bestrafung in dem Sinne, daß dem Bruch gesetzlicher Regeln gesetzliche Bußen auferlegt werden – hat als moralisches Problem von jeher Schwierigkeiten gemacht. Und dies nicht insofern, als man darüber verschiedener Ansicht war, ob Bestrafung zu rechtfertigen sei oder ob nicht. Die meisten Menschen haben gemeint, daß Bestrafung – von gewissen Mißbräuchen befreit – als Institution akzeptabel sei. Nur wenige haben Bestrafung völlig abgelehnt – was eher überraschend ist, wenn man all das bedenkt, was gegen sie gesagt werden könnte. Das Problem ist, Bestrafung zu rechtfertigen: Moralphilosophen haben auf mannigfaltige Weise argumentiert, um sie zu rechtfertigen; aber bislang hat keine Argumentation in irgendeiner Art allgemeine Anerkennung gefunden. Es gibt keine Rechtfertigung, die nicht auch abgelehnt wird. [...]

Wir können sagen, daß es zwei Rechtfertigungen von Bestrafung gibt. Die Ansicht, die wir als Vergeltungstheorie bezeichnen können, sieht Bestrafung deswegen für gerechtfertigt an, weil Unrechttun Bestrafung verdient. Moralisch ist es angemessen, daß jemand, der ein Unrecht begeht, im Verhältnis zu seinem Unrechttun leidet. Daß ein Täter zu bestrafen ist, folgt aus seiner Schuld; und die Schwere der entsprechenden Bestrafung hängt von der Niedrigkeit seiner Tat ab. Dort, wo der Übeltäter Bestrafung erleidet, sind die Zustände moralisch besser

als dort, wo er keine Bestrafung erleidet; und sie sind besser ungeachtet aller Folgen von Bestrafung.
Die Auffassung, die wir die utilitaristische nennen können, behauptet, daß – nach dem Prinzip, Vergangenes ist vergangen und nur künftige Folgen sind Gegenstand jetziger Entscheidungen – Bestrafung nur zu rechtfertigen ist, wenn man darauf abstellt, was aus ihrer Bewahrung als einer der Einrichtungen gesellschaftlicher Ordnung wahrscheinlich folgt. In der Vergangenheit begangene Vergehen sind als solche irrelevant für Überlegungen hinsichtlich der Entscheidung, was zu tun ist. Wenn man zeigen kann, daß Bestrafung ihren Wirkungen nach im Interesse der Gesellschaft liegt, ist sie zu rechtfertigen; sonst nicht.
Ich habe diese beiden konkurrierenden Auffassungen ganz grob dargelegt, um den Widerspruch zwischen ihnen deutlich zu machen: Man empfindet beide Argumente als sinnvoll und fragt sich, wie sie miteinander vermittelt werden können. Meine einleitenden Bemerkungen haben deutlich gemacht, daß ich folgende Lösung intendiere: Man muß in diesem Fall zwischen der Rechtfertigung einer Praxis als eines Systems von Regeln unterscheiden, die angewandt und durchgesetzt werden müssen, und der Rechtfertigung einer einzelnen Handlung, die unter diese Regeln fällt. Utilitaristische Argumente sind angemessen, wenn es um Fragen von Praktiken geht; Argumente einer Vergeltungstheorie hingegen sind bei der Anwendung einzelner Regeln auf einzelne Fälle angebracht.
Wir können versuchen, uns über diese Unterscheidung klarzuwerden, indem wir uns vorstellen, wie ein Vater die Frage seines Sohnes beantworten könnte. Der Sohn fragt: „Warum hat man J gestern ins Gefängnis gebracht?“ Der Vater antwortet: „Weil er die Bank in B ausgeraubt hat. Die Sache wurde ordnungsgemäß verhandelt, und er wurde schuldig gesprochen. Darum kam er gestern ins Gefängnis.“ Angenommen jedoch, der Sohn hätte eine andere Frage gestellt, nämlich: „Warum werden von Menschen andere Menschen ins Gefängnis gebracht?“ Dann könnte der Vater antworten: „Um die guten vor den schlechten Menschen zu schützen“ oder: „Um Menschen von einem Tun abzuhalten, das unser aller Leben unsicher machen würde; denn sonst könnten wir abends nicht zu Bett gehen und in Frieden schlafen.“ Es geht hier um zwei ganz verschiedene Fragen. Die eine betont den Eigennamen: Sie fragt, warum J und nicht vielmehr ein anderer bestraft wurde. Die andere Frage fragt, warum wir die Institutionen der Bestrafung haben: Warum bestrafen die Menschen einander eher, als daß sie sich, z. B., einander grundsätzlich vergeben?
Tatsächlich sagt der Vater also, daß ein bestimmter Mann und nicht irgendein anderer deswegen bestraft wird, weil er schuldig ist, und schuldig ist er, weil er das Gesetz brach (Imperfekt). In diesem Fall blicken Gesetz, Richter und Geschworene zurück, und dem Schuldigen wird eine Strafe auferlegt für etwas, das er getan hat. Daß jemand zu bestrafen ist und welcher Art seine Strafe zu sein hat, wird entschieden, indem man zeigt, daß er das Gesetz brach und daß das Gesetz jene Strafe für diese Verletzung vorsieht. Auf der anderen Seite haben wir die Institutionen der Bestrafung als solche, und wir empfehlen und akzeptieren verschiedenartige Veränderungen innerhalb dieser Institution, weil der (ideale) Gesetzgeber und diejenigen, auf die das Gesetz Anwendung findet, überzeugt sind, daß Bestrafung als ein Teil eines Gesetzessystems, das jeweils auf die in seinem Bereich auftretenden Fälle unparteiisch angewandt wird, auf die Dauer die Beförderung der gesellschaftlichen Interessen zur Folge hat.

Demnach kann man sagen, daß der Richter und der Gesetzgeber verschiedene Positionen einnehmen und in verschiedene Richtungen blicken: Der eine sieht in die Vergangenheit, der andere in die Zukunft. Die Rechtfertigung dessen, was der Richter als Richter tut, gleicht der Vergeltungstheorie; die Rechtfertigung dessen, was der (ideale) Gesetzgeber als Gesetzgeber tut, gleicht der utilitaristischen Auffassung. So haben beide Auffassungen ihren Sinn (wie es auch sein sollte, wenn jeweils intelligent und einfühlsam argumentiert wurde); und die anfängliche Verwirrung löst sich auf, sobald man sieht, daß diese verschiedenen Auffassungen den Auffassungen von Personen entsprechen, die mit verschiedenen Ämtern verschiedene Pflichten haben und deren Einstellung gegenüber dem Regelsystem, welches das Strafrecht ausmacht, voneinander abweicht.
Man könnte jedoch einwenden, die utilitaristische Auffassung sei insofern grundlegender, als sie einem grundlegenderen Amt entspräche; denn der Richter führt den Willen des Gesetzgebers aus, soweit er ihn bestimmen kann. Sobald einmal der Gesetzgeber das Bestehen von Gesetzen und von Bußen für deren Verletzung beschließt (denn wie die Dinge liegen, muß es Gesetz und Strafe geben), ist eine Institution begründet, mit der für die einzelnen Fälle die Vergeltungstheorie gegeben ist. Es liegt im Begriff des Strafrechts als eines Regelsystems, daß die Anwendung und Durchsetzung dieser Regeln in einzelnen Fällen argumentativ durch die Vergeltungstheorie gerechtfertigt werden sollen. Die Entscheidung, ob das Gesetz und nicht vielmehr ein anderer Mechanismus von gesellschaftlicher Kontrolle anzuwenden ist oder nicht, sowie die Entscheidung, was für Gesetze man haben soll und welche Bußen aufzuerlegen sind, mag mit utilitaristischen Argumenten gefällt werden; aber wenn man sich dafür entscheidet, Gesetze zu haben, dann hat man sich für etwas entschieden, dessen Wirkung im Einzelfall der Form nach Vergeltung bedeutet.
Die Antwort auf die von den beiden Auffassungen von Bestrafung hervorgerufene Verwirrung ist also recht einfach: Man unterscheidet zwei Ämter – das des Richters und das des Gesetzgebers –, und man unterscheidet ihre verschiedenen Einstellungen gegenüber dem Regelsystem, welches das Recht ausmacht. Und dann stellt man fest, daß den konkurrierenden Rechtfertigungen von Bestrafung die verschiedenen Arten von Überlegungen zuzuordnen sind, die man üblicherweise als Begründung für das, was im Rahmen dieser Ämter zu tun ist, hernehmen könnte. Man versöhnt die beiden Auffassungen durch jene überkommene Methode, ihnen Geltung für jeweils verschiedene Situationen zuzusprechen. [...]

Aus: John Rawls, Zwei Regelbegriffe. Übersetzt von Jörg Jantzen. In: Einführung in die utilitaristische Ehtik. Klassische und zeitgenössische Texte, hrsg. von Otfried Höffe. C. H. Beck Verlag, München 1975, S. 96–99

▷ Von welchem Problem geht der vorliegende Text aus?
▷ Fassen Sie die vergeltungstheoretische und die utilitaristische Auffassung der Strafrechtfertigung zusammen. Worin besteht der Widerspruch zwischen beiden Auffassungen?
▷ Wie sieht der Vermittlungsvorschlag aus, den Rawls zwischen beiden Auffassungen macht?
▷ Inwiefern gleicht die Tätigkeit des Richters der Vergeltungstheorie und die des Gesetzgebers der utilitaristischen Auffassung?